JN021706

無くせる

会社のムダ作業
100個まとめてみた

元山文菜

AYANA MOTOYAMA

クロスメディア・パブリッシング

はじめに

業務は大きく変化している

　私はこれまで15年以上、オフィスワークの業務改善に携わってきました。

　現在も現場に立ち、プロジェクトを推進しながら多くの職場に入らせていただいています。

　そんな私が、ここ数年、大きな仕事の変化を目の当たりにしています。数年前と比較してオフィスワークの業務が、単純化・定型化しづらくなっているのです。これまで、業務改善を考える時には、複雑に絡み合った業務をできるだけ単純化して、だれもが決められた通りの手順で進められるように、いくつかのパターンに定型化していくのが一つの手法として成り立っていました。

　それが、ここに来て大きく変化しています。

　テクノロジーが進化して、お客さんや競合となる企業、私たちの働き方が変化したことによって、ビジネスのあり方そのものが大きく変化したからです。業務というのは、ビジネスを生みだすまでの一部なので、ビジネスが変化すれば業務も同じように変化するのは当たり前のことなのですが、変化の激しさに私自身も驚いています。

どんどん複雑化して高度化している業務

　業務はこれまでとは違い、複雑化して、より洗練された程度の高い仕組が求められるようになりどんどん高度化しています。その結果として、私たちの仕事は量が増えているだけではなく質の高さも求められ

るようになっているのです。

　業務改善のプロジェクトに入ると、偉い人たちから「事務作業なのに、こんなに時間がかかるはずはない」「コーポレート部門なのに残業時間が多すぎる」と言われることがありますが、ひと昔前と違って単純化・定型化しやすそうな事務処理も、どんどん複雑化・高度化しているのです。

　読者のみなさまの中には「ITツールを導入したにも関わらず、仕事がまったく楽にならない」「日々忙しさが増す一方で、仕事が一段と厳しく感じる」「テレワークになって通勤時間が減ったはずなのに、いつも仕事に追われ、頭の中がいつも動き続けている」という方も多いのではないでしょうか？

　そのままの状態で、毎日毎日がんばっても仕事が少なくなる未来は訪れません。

　ここで、策として練られる代表的な一つが「人員の追加」ですが、遅れているプロジェクトに人を追加しても、プロジェクトは更に遅延してしまいます。これは、フレデリック・ブルックス著『人月の神話』に書かれている「ブルックスの法則」として有名です。

　1人でひと月かかる仕事を2人体制にしても、半月にはならないのです。カップラーメンでたとえると、作るのに3分かかるカップラーメンを3人で作ったからと言って1分にはなりません。

　タスク分解の限界、マネジメントやコミュニケーションの増加などの理由があります。働く人を数字で捉え「人を増やしたから問題は解決するだろう」という考えは安易です。

そこで、次に取られる策として、多くの職場では新しいテクノロジーやAIを活用して仕事を効率化しようと奮闘します。しかし、新しいITソリューションを導入すればするほど仕事が複雑化し、忙しさが増すと感じる方も多いのではないでしょうか。これは、ITソリューションを導入すると、それを使いこなすための手間が増えるからなのですが、それを無視して今まで通りのやり方にこだわると更に仕事は増えてしまうのです。

ITソリューションを入れたら、これまで私たちがやっていた単純化・定型化された仕事は彼らに任せて、私たちは複雑化・高度化した仕事に専念していく必要があるのです。仕事のやり方そのものを変化させなければいけません。

では、私たちを苦しめている「ムダな作業」とは一体何でしょうか?

ここで、ギリシャ神話で「徒労」の意味で語られている「シーシュポスの岩」について説明させてください。シーシュポスはギリシャ神話に登場する人物なのですが、神様の怒りをうけて刑罰を与えられます。

まず、巨大な岩を山頂にまで押し上げるのです。しかし、山頂に到達するとその重みで岩は転がり落ち、再び始めから押し上げることを余儀なくされます。このように、単調かつ達成することのない作業を毎日与えられたのです。
シーシュポスの岩のように、徒労感が多いにも関わらず達成感の得られない作業が私たちの職場にも多く見受けられます。

できて当たり前だから感謝されないのに、小さなミスで責められる。マイナスをゼロにするためだけの仕事。やってもやっても目に見えた成果を感じられない仕事。なんのためにやっているのか理解ができない仕事。

　今まで当たり前にやってきた仕事でも気づかないうちに私たちを苦しめているのです。単調な作業はITソリューションの方が向いています。人間が一生懸命やっても勝てないのです。

　なお、本書には「仕事」「業務」「作業」という言葉がでてきます。どれも似ていますが、業務とは自分で考えて作っていくものです。これに対して作業とは与えられたものです。そして、業務と作業を合わせたものを仕事と定義しています。

これまでを否定しない。時代の変化を楽しむ

　そして、最後に本文を読む前に誤解してほしくないポイントを共有させてください。

　本書では職場にはびこる100個のムダな作業を紹介していますが、決してこれまでのやり方を責めているわけではありません。時代が変わったために、役目を終えて私たちを苦しめているムダ作業に気づき、それを改善できる一助になればと強く思います。

　私たちはシーシュポスのようにならなくても良いのです。一緒に新しい時代の業務を作っていきましょう。

CHAPTER **1**
「業務」のムダ

CHAPTER 2

「管理」のムダ

CHAPTER 3
「共有」のムダ

CHAPTER 4
「処理」のムダ

CHAPTER **5**
「コミュニケーション」の ムダ

CHAPTER **6**
「会議」のムダ

CHAPTER **7**
「組織」のムダ

カバー・本文デザイン	都井 美穂子
DTP	RUHIA・荒 好見
イラスト	三重野 愛梨
校正	内山 瑠希乃

1

「業務」のムダ

その一手間、ほぼ意味なし……？

やりすぎ
セキュリティ

MUDA POINT

- 01 ムダセキュリティメール
- 02 PPAP（ピーピーエーピー）

　やり方次第では一度で済むはずなのに、さらに手間をかけさせてくる仕事があります。

　必要ではない時間と労力をかける割に成果に直結する事もなく「そこまでする意味ある？」と、仕事のモチベーションを下げてくる「やりすぎセキュリティ」作業。

　有名なところで言うとPPAP（ピーピーエーピー）。パスワード付きZIPファイルをメールに添付し送信、後からパスワードを送信するデータの受け渡し方法が、PPAPと呼ばれています。

　①Password付きZIPファイルを送る②Passwordを送る③Angoka（暗号化）④Protocol（プロトコル）の頭文字を取っています。

　誰もが一度は経験したことがあると思いますが、1通のメールを送るためだけに驚くほど複数の作業が発生します。もちろん、受信側にも影響は大です。受信した添付ファイルはそのままでは見られないので、パスワード通知メールを確認しZIPファイルを開く必要があるのです。送信者のミスによりパスワードが送られてこなかったり、パスワードが間違っていて更に確認のメールを送るやり取りが必要になったり、仕事をストップさせてしまう滞留時間まで生じます。

　またZIPファイルはスマホやタブレットで開くことができません。外出時に「ちょっと確認」ができないのです。

　PPAPに限らず機密性の低いファイルにもなんでもかんでもパスワ

ードをかけて別メールにて送信するのも同じようなムダが発生しています。

そもそも、このムダ業務はセキュリティ対策のために実施されていましたが、実のところ大した対策になっていません。本来メールボックスに届いたメールは、メールゲートウェイ等で不正なプログラムが含まれていないのかチェックされているはずなのですが、ZIPファイルはそのまま通過しています。つまりファイルの中にマルチウェアが入っていても、ZIPの場合はそのまま私たちのメールボックスに届いてしまうのです。実際、被害事例の多いマルチウェアはZIPファイルで送られてきます。

また、2通目でパスワードを送っても1通目のメールを盗み見られている状況では、次に送ったメールの盗み見も難しくないと考えられます。それどころか2通目のメールを違う相手に送ってしまったり、両方とも本来の相手ではない人に送ってしまうなど手違いがある可能性も否定できません。労力がかかるわりに、セキュリティ対策としても不十分なムダ作業です。

その他にも、添付ファイルがすべて分離するITサービスを利用している職場もあります。

この場合、送信者がメールを作成してファイルを添付すると、ITサービスが添付ファイルを安全なオンラインストレージに自動保存、そこへアクセスするためのURLを発行して送ります。そして受信者はわざわざそのURLをクリックして、添付ファイルをダウンロードする必要があるのです。

CHAPTER
1
—
業務のムダ

このITサービスを利用している企業の方から添付ファイル付きのメールが送られてくる場合には、メール本文と添付ファイルが保存されているオンラインへアクセスするURLの2通が届く場合もあります。また、ダウンロード期限も決まっているので、過去を遡って添付ファイルを確認することもできません。

添付ファイルを付けた場合にはすべてこのような形式になるため、大変面倒です……！

そこで、安全性の高いクラウド環境にてフォルダを共有するやり方があります。GoogleDrive、OneDrive、Dropbox、Boxなどをイメージしてもらえればと思います。これなら別メールを転送する必要はありません。

仕事内容や機密性によって最適なやり方は様々ですが、とにかくファイルを見てもらうために二度手間、三度手間を生んでしまうムダ作業に注意しましょう。

これを ⟶ こうする！

(01) ムダセキュリティメール
(02) PPAP（ピーピーエーピー）
　　　→クラウドストレージを活用！

17

とりあえずやる教

業務のムダ

MUDA POINT

猛烈に動くこと！　動きまわり続けること！

　それこそが成果を出す健全な仕事の進め方だと疑わない人がいます。必死で動き続けるのが仕事であり、その内容には無頓着です。

　ただ作業を積み重ねるのが仕事であり、それが自己の成長につながる時代はもちろんありました。ただデジタル技術が進歩して単純作業をたくさんこなすことが仕事のスキルではなくなる時代です。

　これは極端なたとえですが「川で洗濯をすることを否定はしませんが、洗濯機を使っても良いんじゃない。乾燥機つきもありますよ」と言いたいのです。

　ひと昔まえのやり方を踏襲して、一生懸命にやっている気持ちはわかります。ただ、川で手洗いするよりも洗濯機のボタンを一つ押す方が、洗い上がりは綺麗なのにも関わらず「朝から川まで歩いていき、何十枚も手で洗い続けたのですよ！　とにかく1日中必死で働いています」と苦しんでいる人がいたら「洗濯機を買った方が良いですよ」と言いたくなるのではないでしょうか。

　実は、これと同じようなことが職場でも起きています。

　たとえば、ちょっとしたメールを確認するためだけに土日に職場へ行くような人がいます。スマホにメールアカウントを登録しておけば解決します。

「コンプライアンスやセキュリティの取り決めがあるんです！」

　と言いたい気持ちは理解できます。

　とはいえ、そのために働く人たちの往復時間を使い電車代や残業代を払うのはもったいないのではないでしょうか。時代は驚くほどのスピードで変化しています。コンプライアンスやセキュリティのような今まで当たり前となっていた会社の規則や風土を抜本的に見直す勇気が必要です！

　経費申請をするためにレシートをPDF化してシステムに登録する必要があるので、スキャナーを使うためにわざわざ出社する職場もあります。これも、スマホにスキャナーアプリを登録しておけば解決です。スキャナーアプリは色々ありますが、迷ったらとりあえずMicrosft Officeが出している「Lens」を入れてください。無料ですが十分すぎる性能です。

　テープ起こしも同様です。文字起こしとも言われますが、会議やセミナーなどで録音された人の言葉を後日聴き取り、その内容を文章に直していく作業です。

　一般的に文字起こしにかかる時間は、音源の録音時間の約４〜５倍とも言われています。ただし、初心者の場合は更に時間がかかります。
　現在では音声認識ソフトが発達していますので、それらを活用することも検討してください。議事録作成のITツールが色々出ています。

　また、外注するのも手段の一つです。私の知人も視覚障害を持つ仲間たちでテープ起こしの会社を運営しています。視覚情報がない彼らの鋭い聴覚力にはいつも驚かされます。

　餅は餅屋と言いますが、そのような作業は外注して自分たちの仕事のために時間を使う切り替えが大切です。

これを ⟶ こうする！

03 レシートを電子化するのに出社
　→スキャンアプリをスマホに入れる

04 会議のテープ起こし
　→音声認識ソフトを導入or外注

わざわざ出力主義

業務のムダ

MUDA POINT

- (05) 社内会議の資料をわざわざ出力
- (06) 保存はすべて紙で
- (07) 承認後にさらに押印
- (08) 社内稟議書は紙で

とにかく「紙」であることを重要視する職場があります。

これはハンコ文化とセットで日本企業に染めついた文化的な背景にもあります。仕事やプライベートにかかわらず、私たちは長らく公的な文書や重要な書類を交わすときには「偽装がしにくいように朱肉の押印が必要だ」と言われてきました。

私も自分専用のハンコを両親に作ってもらったときには大人の仲間入りを果たした気がしました。「押印」という行為は人生を左右する重要な行為だと教わりました。ハンコの押されたこの世に１つしかない紙をしっかりと保管して管理する。これこそ日本に古くから伝わる伝統……。

「それを無くして良いのか⁉　寂しいじゃないか」「恐いじゃないか。大事なものは『紙』じゃなくてどうする！」「ペーパーレスがなんだ！」と思ってしまうのも、それほど的外れでもないような気がしてしまいます。

社内稟議書は重要なことなので「紙」に書いて署名して押印！

請求書や契約書はさらに大切なのだから印刷して押印！

枚数の多い契約書は冊子を作る要領で製本します。そのうえで、郵送する際には失礼のないように送り状の「紙」も印刷して同封！

それ以外にも、社内会議の資料を人数分印刷してホッチキス留めして会議で配布。私自身も何百回とやってきました……。

そして、資料に機密事項の書類が混ざっている場合には、１日かかっ

て準備した資料を今度は一つひとつシュレッダーにかけて廃棄させていました。なんとも儚くて泣けてしまいます。

　また、外出先で急に資料が必要になったときにも職場に「紙」で保管されている場合には、わざわざ取りに行くか諦めるしか方法が残されていません。

　紙代、印刷代、印刷機器の費用、保管するためのスペース費用、ファイル代にホッチキス代に、郵送費、印紙税、そしてそれらを作成したり購入するのにかかる私たちの人件費……。多大なコストがかかっています。盗難や災害でなくなったりなどのセキュリティ面での不安も残ります。
　そして、いつでもどこでも閲覧できない働き方への制約も無視できません。

　どうでしょうか、「わざわざ出力」は私たちを苦しくさせるムダ作業だと言わざるを得ません。

　オフィスで働く私たちの仕事は驚くほど変化しています。その大きな理由は新しいソフトウェア製品やサービスが業務のプロセスに使われるようになったからです。

　ソフトウェアとは、凄く簡単に言うとパソコンやスマホなどを動かすプログラムです。目に見えて存在しているものではありません。
　WindowsやChromeなどから、ExcelやWordなどの書類作成ソフト、Outlookなどのメールソフト、会計アプリ、顧客管理アプリなど、無数に

存在しています。とにかく手に取って触ることができないものをイメージしてください。

　ソフトウェアと反対に存在するのがハードウェアです。
　パソコンやスマホ、キーボードやプリンターなどの物理的に存在する機器のことで、手に取って触れることができます。ハードウェアだけがあっても何もできません。それを動かすために、必要不可欠なのがソフトウェアです。

　1970年代にパソコンが登場してオフィスワークの仕事はどんどん変化していきました。沢山のソフトウェアが登場して仕事に活用される流れは留まることを知りません。毎日のようにクラウド型のソフトウェア（SaaS）が、どこかで登場しては消えていっています。

　これにより、手作業による繰り返し作業はどんどん自動化できるようになりました。同時に起こっている大きな変化として、大量のデータが集められるようになったことです。そして、そのデータをバクバクと食べて学習する人工知能（AI）が出現しました。

　今までの「紙」へのこだわりを持ったままでは現代の仕事についていけません。そんなことを言っている場合ではないというのが正直なところです。「紙」にこだわった仕事の進め方は、ソフトウェアが業務プロセスの根幹となっている現代とは完全に相性が悪いのです。

　まずは「紙」への郷愁に浸るのはやめませんか。

紙の文書を電子化する意識を持ってください。従来は紙に印刷していた情報を電子ファイルやデータで保管し利用するようにします。

　会議資料は事前にデータ共有、当日は自身のPCを持ち込んだりプロジェクターに投影させる。現代の会議準備とは、美しく揃った紙と華麗なるホッチキス留めではありません。

　手書きの出勤簿で管理していた出退勤を、スマホやPCからボタンひとつで登録できるのが「勤怠管理システム」です。シフトや有給などの休日休暇、残業の申請・承認、労働時間や残業時間の集計なども含まれるものが一般的です。

　また、紙でやっていた承認や決裁をスマホやPCで実施する「ワークフローシステム」。

　契約書の印刷や袋とじに時間をかけなくても「電子契約システム」があれば電子上で契約を完了することができます。これにより、印紙税のコスト削減はもちろんですが契約締結までにかかる時間が短縮できます。
　契約更新が必要な場合には自動で通知してくれる機能がついているシステムも多いので再契約が漏れることも防いでくれます。

　「名刺管理システム」は手元に溜まっていく紙の名刺をスマホカメラやスキャナーなどで読み込むと文字を自動でデジタルデータ化して保存してくれます。

また「わざわざ出力」のムダ作業を効率化すると、大量のデータが集められるようになります。

例えば、名刺情報をデジタルデータ化している企業はそのデータをどのように活用するのかを考えられます。

営業日報（商談の進み具合、誰と連絡を取り合ったのか、どんな資料を見せたのか）、売上管理（受注金額、売上、利益）、メルマガやDM履歴などのデータを組み合わせながら分析して、最適な商談方法を検討したり、部下の育成につなげることも可能です。

「紙」からの卒業で日々の仕事を楽にして、新しい仕事の価値を創っていきましょう！

これを ⟶ こうする！

(05) 社内会議の資料をわざわざ出力
　　→事前のデータ共有・当日はプロジェクター投影を行う

(06) 保存はすべて紙で
　　→デジタルデータにして保存

(07) 承認後にさらに押印
　　→承認システムで完結させる

(08) 社内稟議書は紙で
　　→業務システムを検討する

なんでもルール化

業務のムダ

MUDA POINT

　日々仕事をしていると職場の中にたくさんのルールが存在することに気付きます。

　ルールがあることで、混乱やトラブルが回避されたりチームメンバーが一貫した方法で仕事を進められるので一定の品質を保ったサービスの提供が成り立ちます。

　だからこそ、ルールは守られなければ意味がありません。

　職場全体に浸透させて、そこで働く人たちに覚え続けてもらう必要があります。その上で、ルールが破られた場合には罰則や対策が必要になるので、ルールが守られているかの監視の手間がずっとかかります。そもそも、ルールを作ること自体にも莫大な時間がかかります。

　ルールがたくさんあればあるほど、それを管理して覚えてもらい、守っているのか監視し続け、破られたら罰則を適用！　一度ルールを作ると、そのルールを守るためのルールが作られ、またそのルールを守るためのルールが作られ……と、気が遠くなるほどのハイコストなのです。

　それにもかかわらず、何か新しいことを始めようとしたときに「まずは、しっかりとルールを作りましょう」となるのは珍しいことではありません。実際にルール作りを始めると「この場合はどうなるのですか？」「過去にこんなケースもありました！」など、数年に1回……いや、過去に一度しか起こっていない事例まで一つひとつ取り上げ始めて更にルールを作っていこうとします。

「忙しくてしょうがない」と言っている組織に限って細かすぎるルールがたくさんあります。

「経費申請で事前申請額よりも1円でも多い場合には、修正申告書を提出して再承認をもらう」

　何かしらのルールから派生してできたであろうルールのためのルール。目的は定かではないのですが、イレギュラーを作ってしまうと更にルールを破る人が出てきては困るので更に事務処理を追加しているのです。

　そして、この申請書を出しているのが給与レンジの高い管理職だったりすると、1円の再申請処理のためにどれだけの工数（賃金）を発生させているのかと考えると涙が出てきます……。

　これと似たようなことは他にもたくさんあります。
　ある会社では、経費削減のためにカラー印刷を禁止していました。カラー印刷が許可されているのは、顧客提出用と部長以上です。あるとき、部会の準備をしていた担当者はメンバー全員の資料をカラーで印刷してしまいました。もちろん罰則が怖いので、すぐに廃棄して白黒で再印刷して事なきを得ます。

　このように実務に関わるようなルールはもちろんですが「オンライン会議の際に上司より先に退室してはいけない」「Slackのメンションは偉い人順」のようなローカルルール。

　このように「なんでもルール」は、地縛霊のように生き続けて組織全体に閉塞感をもたらします。

「ルールは覚えなければいけない。守らなければいけない。管理しなければいけない」

　これを絶対に忘れないでください。
　思考停止で「ルールを作りましょう！」と安易に言うのは危険です。それでも覚悟を持ってルールを作ると決めた場合には、ルールを問題児に合わせるのはやめましょう。
「こういう人の場合はどうするの！」「こんなリスクもあるのでは」と言い出してしますと、どんどん増えて細かくなってしまいます。まずは、あるべき姿を思い浮かべ、それを目指すためのルールを作るのが大切です。

これを ⟶ こうする！

09 ルールのためのルール作り

10 偉い人からオンライン会議退出
　　→思考停止のルール作りをやめる

11 万が一にしか起こらないこともルール化
　　→問題児に合わせたルールを作らない

属人化の甘い罠

業務のムダ

私だけ！

MUDA POINT

---

⑫「私にしかわからない」と仕事を抱え込む

⑬ ○○さんに聞かないとわからない仕事

⑭「自分のルールがみんなのルール」で進める人

「私たちの仕事は特別なので……他とは違っていて複雑なので改善は難しいです」

「すべてがイレギュラーなんですよ！」

「この仕事は私にしかわからなくて」

「私がいないと回らないんですよ……」

１つの作業を完了させるだけなのに「実はこのフォルダもあるんですよ」「状況によってはこのフォーマットで作らなければいけないんですよ」と次から次へと新しいアイテムが出てくるのは、業務コンサルに入ると必ず耳にする話です。どれだけ業務手順を聞いても紐解けず何を話しているのかさえ理解できません。

「こんな複雑な仕事はデジタル化できない。関わるのも恐い！」という心境になってしまいます。

結果的に、その仕事を理解できているのは一人だけになってしまいます。「私にしか分からない特別な業務」とは「属人化の甘い罠」にとらわれているにすぎないのです。

属人化にはいろいろなムダが隠れています。まず、その人がいないと仕事が始まりません。なので、辞めたり休んだりした場合に仕事が止まってしまいます。また、他の社員が進捗を把握しづらく関わりづらいため、ミスが起こった場合や進みが遅い場合にもボトルネックを特定しづらくなります。

そして、属人化の一番恐ろしいところは組織のパワーバランスが乱

れてしまうことです。

　組織の中で情報は力（パワー）になります。

「その人にしかできない」
「その人に聞かなければわからない」
「その人がいないと進められない」

　すべての情報を特定の人が掌握している状態……。こうなると管理職や社長でさえ、"その人"のご機嫌を取り始めるようになります。

　彼・彼女たちから「明日までに、この資料を提出してくれないと進められません！」と言われてしまうと、本当にその資料が必要なのか分からなくても、とにかくやるしかない状況になります。嫌われてしまっては、その仕事が終わらないので当たり前です。

「忙しいので期日に終わらせるのは無理です！」
「人を追加してくれないと解決しません！」
「この給与では続けられません！」

　と言われた場合にも、それが正当な主張なのかどうか判断がつきません。

　「属人化の甘い罠」にハマった仕事は硬い地層のようになり、気付いたときには誰も手が出せなくなってしまいます。誰もその地層を読み解けない状態です。結果的に誰も口出しできずマネジメントも効かなくなってしまう職場をいくつも見てきました。そしてそれは一緒に働

くメンバーのモチベーションも下げてしまいます。

このように「属人化の甘い罠」の作業は本人はもちろんですが、職場全体の首をじわりじわりと締めていき気付いたときには閉塞感に包まれるムダ作業なのです。

「では、なんでもかんでも標準化すれば良いのか！」というのも極端すぎます。よく誤解されているのが「標準化VS属人化」とう考え方です。両者は、どちらか一方だけが必要なわけではく「標準化＋属人化」の考え方が大切です。

まずは、標準化して誰がやっても一定以上のサービスが常に提供できる状態にしておきましょう。

生ビールでいうところの液体の部分をイメージしてください。
そこにプラスαの泡をサービスとして乗せるのは属人的で良い部分。
「あなたがいないと回らない！」ではなくて「誰がやっても大丈夫だけど、あなたにやってもらいたい！」と言われる状態。「いつ休んでも平気だけど、私がいると解決が早い」みたいな業務設計が大切です。

「自分にしかできないんだよ」は麻薬めいています。

「みんなが私に頼ってきてしまう」
「私がいないと仕事が進まない」
「これは私しか理解できない」

自分に有能感をもたらしてくれる魔法の薬なのです。だからこそ惑わされてはいけません。

　そして「誰も引き受けてくれない……」に逃げ込んでしまってはいけないのです。引き受けてもらえる仕事に仕様を変更する必要があります。まさしく標準化の部分を設計するのです。

　短期的に考えると属人的に仕事を進めるのは楽なのです。

　好きな手順で好きなタイミングで好きなファイルを使って……思い付きで進めることができてしまいます。PC内で完結するオフィスワークの場合、製造業の現場のようにパッと目に見えません。だからこそ、それを誰もが目に見てわかるような状態にするのは実は凄く大変なのです。

　その上、誰でもできるようになったところで「あなたが標準化してくれたからだよ！」なんてお礼は言われませんし、それどころかあなたが注いだビールに最高にクリーミーで適切な泡を乗せたビールを作ってしまう人が出てくるかもしれません。

　「液体は私が注いだのを忘れないでよね！」といったところで「フッ……」と侮蔑の目で見られて終わりです。

　考えると不安になってしまいますが、属人的な仕事の進め方は必ずどこかで行き詰まります。何社も企業を見てきたからこそ、これは絶対です！

　まずは業務棚卸表を使って自分がやってきた業務を言語化して目に見えるようにしてください。業務棚卸表の作り方は色々ありますが、下の図を参考にしてください。

業務棚卸表

業務内容				頻度								工数	
大分類	中分類	小分類	担当	日	週	月	年	頻度	発生区分	年間換算	年間発生回数	工数値(H/回)	年間工数(H/年)
契約管理	契約処理	契約状況を営業に確認（FMTやNDA）	営業事務				20		1	1	20	4	80
		請求条件を営業に確認	営業事務				20		1	1	20	1	20
		契約書作成（契約Draft作成）	営業事務				20		1	1	20	4	80
		営業に契約書内容の確認依頼	営業事務										
		契約内容について社内調整と顧客折衝	営業				20		1	1	20	3	60
		契約書内容の修正営業事務に依頼	営業										
		契約書の修正と営業への確認依頼	営業事務										
		契約書の提出	営業				20		1	1	20	7	140
	契約締結	契約締結処理（契約押印処理や郵送など）	営業事務				20		1	1	20	5	100
		・											
		・											
		・											
合計				0	0	0	120			6	120	24.0	480

①大分類と中分類を書き出してみる

　1年間の流れを順番に思い出しながら大分類と中分類を書き出していきます。

　その業務が扱う対象（「顧客管理」など）や業務内容（「商品企画」など）を簡単に表現するイメージです。大分類の数は、大体7〜10分類くらいになることが多いのですが、大分類と中分類の区別が分かりづらいという人は、大分類だけ書き出して小分類（作業手順）を書き出しても大丈夫です。

②中・大分類に含まれる小分類（作業手順）を書き出してみる

　小分類はできるだけ、手順通りに並べてください。

「顧客データの入力」や「企画書を作成する」など、作業内容が具体的にイメージできる表現にすることがのぞましいです。

　発生サイクル（日次・週次・月次など）の異なる業務や、難易度（思考中

心の業務、作業中心の業務）の大きく異なる業務が出てきた場合「企画書案を作成」「企画書をPowerPointにする」などのように分割して書いてみてください。

　ここでは、どれくらい細かな業務まで書き出すのか悩んでしまうかもしれませんが、数年前に一度きりしかやったことのない業務や、ある一部の場合にしかやらないようなイレギュラーすぎる業務は省いて大丈夫です。感覚として全体の8割以上ある標準的な業務を対象としてください。

③利用ファイルや利用システムも入れてみる

　業務ごとに使っているExcel・Wordファイルなどの利用ファイルや、使っている業務システムを入れてください。ムダな転記が起こっていたり、同じようなファイルなどを知るきっかけになります。

④大・中分類の追加、削除、統合をする

　小分類の全体像を見て、中・大分類を整理します。

　ここで、小分類の見出しとして違和感があるものなども修正します。これで、業務手順が分かるようになります。

⑤どれほど時間をかけているのかを見える化する

　1回あたり、どれほどの時間がかかっているのかを思い出しながら書き出してください。

⑥年間どれくらいかかっているのかを計算する

　発生サイクルをもとに1年間でどれくらいの時間がかかっているのかザックリと把握します。

　このように業務を見えるようにするだけで、自ずとファイルやフォルダの中が整理され手順も簡素化していきます。自分だけでやっていた仕事を誰もができるように仕組み化する能力こそがあなたにとって大切なスキルとなります。

　「属人化の落とし穴」から這い上がって心が軽くなる瞬間を感じてください。

これを ⟶ こうする！

⑫　「私にしかわからない」と仕事を抱え込む

⑬　〇〇さんに聞かないとわからない仕事

⑭　「自分のルールがみんなのルール」で進める人

　　→業務の見える化と標準化を行う

思いつきの指示ばかり

きまぐれ上司の
ご機嫌取り

MUDA POINT
---

(15) 経緯を知らないままに質問

(16) 上司のプライドを傷つけない説明に苦心

(17) 聞きかじった知識のアドバイス

　前提条件や経緯を全く理解していないのに、思い付きで質問や指示をしてくる上司や偉い人がいます。

　ここまで全く関わってこなかったのに気まぐれでプロジェクト会議に顔を出して「これは、そもそも何でやってるんだ!?　進捗が遅れているじゃないか！」と誰でも言える言葉をチョイス。
　批判的なコメントで存在感を醸し出してきたり。

「申請書の業務を効率化するんだろ！　そもそもRPAはどこに設置するんだ？」と、とんちんかんな質問を投げてくる。
「すでに申請書の業務自体なくなっているのに」
「そもそもRPAに設置とかないはずなのだけど、なんのことを言っているんだ」
　ちょっと目にしたWEB記事やセミナーで聞きかじった知識をもとに「ChatGPTで記事を書けるようにしないとダメだろ！」と訳の分からないダメ出しやアドバイス。

　若手であれば「そんなことも知らんのか！」とか「ちゃんと調べてから質問してください」「資料に書いてありますよ！」とツッコミを入れられるのですが、それが上司や偉い人だった場合には大変です。必死で情報を集めて答えるしかないのです。

　このような、前提条件や基礎的な知識、経緯などの情報が足りない場合には説明をしてもうまく理解できません。
　きまぐれ上司によっては「君の説明はわかりづらい！」と、説明した側の責任にされてしまうケースもあり「きまぐれ上司のご機嫌とり」

作業には、想像以上の緊張と負担が課せられます。

　そこで「思い付きの質問」に対して、こちらまで「思い付きで説明」してしまうと事態は更にややこしさを極めます。そこで、次の５つのポイントを意識して「戦略的な説明」で応えてください。

①前提をすり合わせる

　上司の知識や経験などを確認します。質問してきた内容について、相手の「既知（すでに知っている事項）」と「未知（まだ知らない事項）」を推し量るのです。

②範囲を見せる

　これから伝えることが、どこからどこまでの説明なのか伝えます。「まずは、手書き申請書の現状についてご説明させてください」のように範囲を示します。ここで範囲が広すぎないかを意識するのもポイントです。

③たとえ話をする

　相手の馴染みがある言葉を探します。「RPAはソフトウェアなので、ペッパー君のように目に見えて存在するロボットとは違ってパソコンの中で使います」のように置き換えて説明します。

④スピードを意識する

　相手の理解が追い付いているのかスピード感を意識して話します。

⑤量を意識する

相手の理解が追い付く情報量を調整しながら話します。

このように、相手が納得しやすい説明を心がけることで追加の質問を防ぎます。

また、このムダ作業が発生する原因には「自分だけ置きざりにされたくない」「その仕事が失敗してしまうのではないか」という上司の不安もあります。そこで今まで以上に細かな報告や相談、連絡を入れるような工夫も大切です。

「なんで、こちらがそこまで譲歩しなければいけなんだ！」と思ってしまうかもしれませんが、上司に腹を立てたところで「思い付き上司のお世話」作業が職場からなくなることはありません。これらの説明方法は色々な場面で使うことができるので結果的に自分を楽にしてくれます。ムダ作業から解放されるために活用してください。

これを ⟶ こうする！

- (15) 経緯を知らないままに質問
- (16) 上司のプライドを傷つけない説明に苦心
- (17) 聞きかじった知識のアドバイス
  → 5つの「戦略的な説明テクニック」を意識する

無意味な二度手間、三度手間……

チェック＆承認地獄

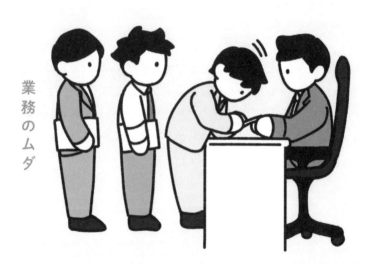

MUDA POINT

(18) ミスの度に増えるダブルチェック

(19) 意味のわからない承認行為（有給・経費・見積）

「提出した見積書にミス!?　お客さんが怒っている!　再発防止にダブルチェックを徹底しろ!」
「ん!?　既にダブルチェックしているのか!　だったら次からはトリプルチェックで対応しろ!」

　それでも完全になくならないミス。

「だったら、トリプルの次!　クアドラプル?　呼び方をどうするのかも併せて検討!」

　信じられないかもしれませんが本当の話です。

　日本企業は、このようなムダな確認作業が大好きで、あらゆる業務を沢山の段階でチェック&承認する仕組みを作りたがります。

　有給取得を依頼するだけなのに課長や部長までの承認が必要だったり、数千円の経費の承認に対して、複数の上司や部門の承認が必要な場合など、仕事を進めるにのにたくさんの押印が必要になることから「スタンプラリー」と皮肉られることもあります。

　このようにチェックが増えるキッカケは何かしらのトラブルが生じた場合や、法改正が起こって対応を迫られた場合など理由は様々です。
　そのようなときに「再発防止策としてダブルチェックを始める」「内部統制を強化するために、承認回数を増やす!」と言えば深く考えたり仕組を改善しなくてもひとまず対策したことになるので気楽なのです。

また、チェックする人数が増えると「ミスが起こったときに自分だけの責任にならない」安心感もあります。無意識にも「みんなでやっている」「みんなで決めた」そんな連帯感を満たしてくれるのです。

　一方、皮肉なことにミスが起こる原因の9割は思い込みです。チェックする人数が増えると逆に、

「たくさんの人が見ているから大丈夫だろう」
「他のチェック担当はしっかり者だし合ってるだろう」

　の心理が働きます。そうすると、人間の目は不思議で「ミスはないだろう」「この申請に問題はないだろう」と思い込みながら確認や承認をするので、仮に何か問題があっても見落としてしまうのです。

　ダブルチェックやトリプルチェックと確認の回数が増えると単純に業務量は増えます。

　その上、業務の流れに業務停滞という淀みを発生させます。前の人が終わらない場合に次の人は作業に取りかかれない。手順のダブり。やり取りの増加。手持無沙汰な時間。これらは、業務のボトルネックとも言われますが仕事がスムーズに進まなくなるのです。

　これらが積み重なっていくと「自分のせいで他の人に迷惑をかけられない！」ようなまじめな人たちはダブルチェックやトリプルチェックを優先してやるようになります。

「みんなのために至急！」の大義名分のもと、チェック依頼が飛んでくると飛びついてしまうのです。ふと気付くと本来やるべき仕事が後回しにされてしまいます。

そしてこれは承認作業も同じです。一つひとつの承認の観点が曖昧なため、職場にて同じような観点で何度も承認を繰り返しているだけのムダが発生しています。いくら回数を増やしても、統制機能を担っておらず手間ばかりかかる割に業務停滞（ボトルネック）を生みます。

ある職場では、経費申請の事前承認をルール化しており、経費を使う時には事前に「申請者→リーダー→課長→部長」の順番で承認が必要でした。リーダーであろうと課長、部長であろうと一先ず全員が申請するようになっていました。

そうすると、申請数が多くなりすぎるために経費申請のITツールを導入して効率化しようと奮闘されていたのですが、外出が多い部長や課長に代わりリーダーであるAさんが彼らのシステム代行権限を持っていました。

しかしよくよく話を聞いてみると、リーダーのAさんが自分の事前申請をする場合には「申請者（Aさん）→リーダー（承認Aさん）→課長（代行承認Aさん）→部長（代行承認Aさん）」というように、Aさんが一人で申請して一人で承認していたのです。そして、数か月に1回、Aさんの承認方法が合っていたかのチェックを課長と部長がそれぞれ行っていました。

このように、思考停止で「一先ず承認しておこう」と業務設計して仕事が増えてしまう職場は多くあります。

業務停滞（ボトルネック）のある業務プロセスは、流れが詰まった川のようにどんどん濁っていき、いつしか悪臭を放つまでになってしまいます。思考停止で気軽に始めたダブルチェックやトリプルチェック・スタンプラリー承認は想像以上にじわりじわりと私たちを苦しめていくのです。

　そこで、まずは思考停止でチェックや承認を増やさない心構えが大切です。業務プロセスを見直したり仕組みに問題がないのかを考えない限り抜本的な解決はありません。

　まずは気軽に業務ステップを追加しないでください。どうしてもプロセスの追加が必要なときには「見る範囲」を決めてください。

　たとえば、最初の承認者は書いてある内容や添付されている領収書の証跡に間違いがないのか、内容が一致しているのかどうかだけを確認する。
　次の承認者は、使用用途や場所に問題がないか、営業戦略の観点から取引先や金額が正当かを確認する。このように「見る範囲」をしっかりと決めると、判断をできる人が明確になります。そうすると、責任とその範囲が明確になるのです。

　このような形で承認プロセスを作ると少ない承認者できちんと統制できるようになります。

　その上で、もう一歩踏み込んで考えていただきたいのが最初の承認

者が行っている作業です。

　このステップは単純な照合作業に過ぎません。これは人間がやるよりもロボットのほうが圧倒的に得意な仕事です。RPAを使っても良いでしょうし、Excelなどをプロセスに追加すれば簡単な関数で処理が完了します。

　人間は感情の生き物です。悲しいことがあったり、眠たかったり、逆にテンションが上がっていると集中力が散漫になるのです。だからこそ、思考停止で業務を増やさないでください！　仕組みで解決をはかりましょう。

これを ⟶ こうする！

⑱　ミスの度に増えるダブルチェック

⑲　意味のわからない承認行為（有給・経費・見積）
　　→思考停止のプロセス増加をやめる
　　→増やす場合は「見る範囲」を決める

誤解だらけの「DX」

業務のムダ

MUDA POINT

㉘ 紙の情報をPCに手入力（転記）する

㉑ ツールを導入すれば業務効率化できると思っている

㉒ 使い方がわからなくて使われなくなったITツール

「DX（デジタルトランスフォーメーション）」の言葉が市民権を得てどれくらい経ったのでしょうか。ここ数年でDXプロジェクト、DX事業推進、DX委員会……という肩書きの名刺を何枚も交換してきました。

新しい流れが起こるのはとても素晴らしいことです。

ただ、その本質的な意味を理解せずに思い付きで何となく大変そうな仕事をデジタル化して「わが社もとうとうDXに乗り出した！　よく頑張った！」と個別業務をデジタル化するのがDXだと勘違いし、「成果を出したぞ！」と息まいている組織は驚くほど多いです。

ITソリューションを導入することを否定している訳ではありません。ただ、導入しただけでは逆にムダ作業が増えてしまうケースのほうが多いのです。

今まで紙で集めていたアンケートをデジタル化。Wordで作ったアンケートをPDF化してメールに添付。受け取った人は印刷して手書きで回答、それをPDF化してメールで返送。回答が集まってきたら、Excelの集計表に転記。

確かに紙に印刷して郵送する手間は省けましたが、ただそれだけの話です。それどころか、受け取った人に印刷する手間をバトンタッチしたにすぎません。

一歩進んで作ったアンケートをWordのまま添付して、
「Wordに回答してもらっているのでDXしてますね！」と言いたい気持ちはわかります。印刷はしていないのでペーパーレスにもつながっています。

それでも、Wordからアンケート内容を集計Excelに転記しているのなら、業務プロセスとして考えるとその作業はムダです。

あえて極端な言い方をさせてもらうと「転記・転載は悪！」なのです。

転記・転載作業は単純に時間がかかります。また、バージョン管理が難しく元の情報がどこにあるかわからなくなりがちです。

特に複数の人で情報転記をしている場合には誰の情報が最新なのか分からなくなるので、それを防ぐために「ファイルのバージョン管理方法はどうするのか？　Vol.XX？　日付管理？」など新たなルールを作ったり、お互いにムダな確認作業が発生します。

そして人が手作業で転記・転載する場合、基本的にミスが起こると考えてください。入力内容や場所を間違えるのはもちろんですが、古くなった転載元の情報を引用するようなトラブルも起こります。そして、ミスが起こるとその再発防止対策を考えたり各所に謝罪したりするムダ作業が発生します。

転記・転載をなくすという発想を常に持っているだけでデジタル活用の考え方は変わります。

たとえばアンケート作成業務ひとつにしても、データ活用がしやすいようにGoogleアンケートフォームやMicrosoft Formsに代表されるようなオンラインのアンケートツールを使う発想になります。

リアルタイムで更新が可能なGoogleドキュメントやOffice Onlineを使った議事録作成などの業務設計も考えられます。

　これもよく見聞きする誤解だらけのDXですが、組織で影響力のある人が、

「この業務が大変すぎる！　と言ったから」

「競合他社もこれでうまくいった。と聞いたから」

「展示会で見てきたんだけど凄く良かったから」

　のような思い付きで導入されたITソリューションや風土に合わない高性能すぎるシステム。

　結果的に「使い方がわからず、結局今までのやり方が1番です！」と言いながら毎月の利用料が払われ続けていたり、現場が使いたい内容が網羅されておらず、システムとは別にExcelでも二重管理しているようなこともあります。

　とにかくITソリューションは魔法の杖ではありません。なんでも良いから導入さえすれば業務が楽になりみんなが幸せになれるわけではないのです。

　むしろITソリューションを導入すると一時的に業務が増えるのを覚えておいてください。

　現場が「効果が出た！　導入して良かった」と思うまでには3つのステップがあります。

　それは「開発→導入→定着→（効果）」です。

　何かしらのITソリューションを検討した際に、どのような「開発」をして「導入」するのかについては言及されますが、それを使いこなして「定着」させる方法について語られることはありません。なので、開発して導入すればすぐに効果が現れて全員ハッピーと勘違いしている方は想像以上に多いです。

定着とは導入したITソリューションが組織にしっかりと根付いて新しいプロセスの１つとして落ち着いている状態です。ここまでくると効果が実感できます。個別業務をデジタル化したところで業務は楽になりません。それはデジタルシフトと言ってDX（デジタルトランスフォーメーション）とは違います。しっかりと現状の業務を可視化して、自分たちの身の丈に合ったITソリューションの導入が重要です。そして、それを使いこなして効果を実感するためには、今までの常識を捨てて新しい業務プロセスを再構築していくのが大切です。

これを ⟶ こうする！

---

⑳ 紙の情報をPCに手入力（転記）する
　　→クラウドツールで同時編集する

㉑ ツールを導入すれば業務効率化できると思っている

㉒ 使い方がわからなくて使われなくなったITツール
　　→業務ありきのITソリューションを導入
　　→導入後の定着を徹底する

「管理」
のムダ

情報迷子

データどこ……？

管理のムダ

MUDA POINT

---

(23) 深すぎるフォルダ階層

(24) 個人保有されるファイルや資料

(25) どれが最終なのか混乱するフォルダ

Excel・PDF・写真・メモ帳……。

私たちは仕事をする中で大量のデータをやり取りしています。

それらのデータはチャットやメールでやり取りされ、各所に散らばり解き放たれていきます。それを受け取った人たちは各自のルールに則り、思い思いの場所にデータを保管。

「作業途中は人に見られたくないので」と、個人PCの中で仕事をして共有フォルダに入れないこだわりを見せる人。

宝を隠すかのごとく、深すぎるフォルダに資料を保存する人。

「チャットやメールが保存場所です」と言い切る人。

「さぁ。どれが最新版なのか解いてみな！」と言わんばかりにファイル名を無秩序に付ける人。

プロジェクト管理コンサルタントのリズ・ダベンポートは著書『気が付くと机がぐちゃぐちゃになっているあなたへ』で、平均的なビジネスパーソンが探し物に浪費している時間は年間150時間と指摘しています。文具メーカーのコクヨ株式会社の独自調査でも、紙の書類探しに年間80時間も費やしているとのことですから、メールやファイルなどの探し物を加えると150時間という数字も納得がいきます。

基本的に、探し物をする時間は何の価値も生み出していないのを理解する必要があります。

多くの組織では、日々増え続けるデータをどうしたら良いのかわからずに彷徨っている「情報迷子」の人たちが大勢います。そして、それを探すために大量の時間を使っているのです。

それでも私たちは大量のデータを自分ルールで無規則に保存してしまいます。

「情報迷子」のムダ作業が起こる原因の１つは、デジタルデータは紙と違って目に見えないからです。「そんなことはわかっています！」と思われるかもしれませんが、ここにデータが散らかる恐ろしさが隠されています。

　紙社会なら机の上が汚い人は誰の目にも明らかでした。そのため「机を片付けなさい」と注意されたり、「この書類、ファイリング頼むよ！」と誰かに任せることもできました。

「私はペーパーレス化を進めているので机の上には紙１枚ないんですよ！」と、したり顔で語る人のパソコンのデスクトップに、契約書、請求書、レポート、プレゼンテーション資料、メモ、手紙、電子メール、そして多数の参考資料が散らばっていても誰も気付きませんし、整理を手伝うことも不可能です。

　会社で使うデータはすべて会社のモノです。個人のモノではありません。ファイルを自分のこだわりで無秩序に管理する行為は自分だけではなく、一緒に働く仲間にも被害を及ぼしかねない行為なのです。

　そこで、まず知っておいてほしいフォルダ管理の基本が、

「捨てる→整頓する→管理する」の３ステップ！

　当たり前なのですが、そもそもモノがなければ探す行為は発生しません。整頓すらしなくて良いのです。モノは多ければ多いほど探す時間が増えますし管理場所や保管の手間がかかります。それはデータも

同じ！

　つまり、探し物が多い組織は「とりあえず保管しておこう」「もしかして使うかもしれないから」という発想で、データを削除する習慣が全くありません。

　これだけ大量のデータを日々作り出し、やり取りしている現代。放っておくとデータはどんどん増えていき、パソコンの中はモノに溢れてごった返すゴミ屋敷のようになってしまいます。そんな状態で仕事をしていればストレスが溜まって当然です。そこで、フォルダ整理をしようと決めたら、まずはじめに取りかかるのは「捨てる」です。間違っても新しいフォルダを更に作って、保管場所を増やすなんてことはやめてください！

　まずは保管されているすべてのデータの最終アクセス日時を確認します。パッと見て中身が判断できない場合には実際にファイルを開いてチェックします。

「ほとんどが開いてみないと中身がわからない」場合には、それだけゴミファイルに苦しめられてきたのです。このとき、重複しているデータがないのかも確認します。

　また、現在進行形のプロジェクトは別ですが、過去の資料は最新版以外は既に役割を終えているものがほとんどです。日付やタイトルが全く同じなのに、【最新版】【New】などをつけて微妙に存在感をアピールしてくるファイルもいますが、この際どちらが最新なのかハッキリさせます。

このような最新版詐欺のファイル名たち

　このように、長い間アクセス履歴がない。用途がわからない。重複している。過去に作った最新版以外の資料。明らかに不要なデータなどを「削除予定」フォルダに移動させていきます。その上で、もしかして使うかもしれないデータにはファイルの頭に★や◎などなんでも良いので記号を付けておき、それ以外はゴミ箱に捨ててください。

　このときに、パッと見て中身が判断できないからという理由で何年も前の資料まで一つひとつ開いて確認する必要はありません。長い間、更新されていない資料は既に役目を終えている可能性があるので遡って内容を確認する必要はありません。削除予定フォルダに入れるか「old」フォルダを作って格納しておきます。

　これにより「やっぱり戻そう！」と元フォルダに戻してしまうのを避けられます。部屋の断捨離をしているときに、ごみ袋に入れたのにいざ捨てるとなると「やっぱり取っておこう！」と取り出してしまう心理が働くのと同じです。「いつか使うかもしれない……」の精神は日々新しい情報が行き来するデータ時代においては危険です。ゴミ屋敷にならないためにも「捨てる！」の精神で進めていきましょう。

　次は残ったデータを「整頓する」です！

　片付ける場所を決めていきます。整頓の基本は、必要なものをいつでも誰でも取り出せるように配置することです。「〇〇のファイルどこにあるのー？」を無くします。

　そこで、まずはフォルダの階層を決めるのですが、ここで大切なのは漏れとダブリがないようにすることです。「同じフォルダの中身は、同じ切り口で整頓」するのが基本です。「業務の切り口」で分けたフォルダの中に、「時系列の切り口」で分けたフォルダが入っていると混乱してしまいます。

　階層を決める段階では、すぐにパソコンの中でフォルダを触るのではなく、残ったデータを見ながら紙や文書（WordやExcel）などに階層を書き出してみると整頓しやすいです。また、他の人への説明もしやすくなるのでおすすめです。そして、階層作りは深くなればなるほど探しづらくなるので、深くても第4層をめどにしましょう。

　第1階層はできる限り絞り、フォルダのタイトルと数字（ナンバリング）を付けて見やすいようにしましょう。「_（半角 アンダーバー）」の書き方が見た目にもきれいでおススメです。そして、第2階層、第3階層……とフォルダを作っていきます。

　このときに、第1階層にあるフォルダ（親フォルダ）に紐づいた第2階層（子フォルダ）の上限は10個程度にとどめておきましょう。同じように第3階層は15個程度が良いでしょう。それ以上は混乱してしまうため、次の階層に落として管理するのがおすすめです。

また、フォルダを潜っていくと、今何番目の階層にいるのか迷子になることがあります。そこで、フォルダに名前をつける場合には第2階層は2桁の数字、第3階層は3桁の数字と決めておくと見た目も美しくフォルダ迷子も防げます。

このように、整頓をしていると「直接データ保存したり新しいフォルダを無限に作るのはNG」「階層別のナンバリングの振り方は階層に合わせる」のような「管理する」ための約束が自然にできてきます。そこで、できた約束はきちんと「フォルダ管理の約束（マニュアル）」などのタイトルを付けて文書として残しておくことも忘れないでください。これにより、誰がどこにどのように管理していけば良いのかが分かりやすくなります。

このように、3つのステップでフォルダ整理をはじめますが「一度やればパソコンの中は綺麗になってスッキリ！」と思うのは危険です。私たちが長い長い期間をかけて溜めてきたデータがそんな簡単にスッキリするわけがありません。

だからこそ、気長に少しずつで良いのでこの3つのステップを定期的に何度も回してください。最初の1サイクル目が一番苦しいですが、サイクルを回し続けると目に見えてスッキリして探し物のストレスが減っていくのを実感できます。

さっそく削除予定フォルダを作ってみましょう！「情報迷子」から解放される一歩です！

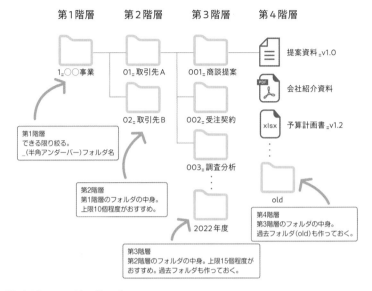

業務別フォルダの作り方

これを ──→ こうする！

(23) 深すぎるフォルダ階層

(24) 個人保有されるファイルや資料

(25) どれが最終なのか混乱するフォルダ

　　→「捨てる→整理する→管理する」ので探し物を減らす

ネットの海に溺れる

管理のムダ

MUDA POINT

㉖ 以前見たページを、履歴をさかのぼって探す

㉗ 毎日ニュースサイトを検索

㉘ 寄り道ばかりの情報収集

インターネットは、情報を集める場所として当たり前の存在になっています。

Googleで検索することを意味する「ググる」は現代用語の基礎知識にも掲載されています。

また「ggrks（ググレカス）」という「（人に質問する前に）それくらいGoogleで検索しろカス野郎」という意味のネットスラングまで生まれています。

このように、何かあればインターネットで検索する行為は当たり前どころか「マナーの1つでしょ！」くらいの風潮さえ感じます。ただ、インターネットには至るところから集められてきた情報が氾濫しており、一歩足を踏み込むと情報の海に溺れるような感覚になります。

「仕事の調べ物をしていたはずなのに、いつの間にか関係ないサイトを見て回っているうちに時間が過ぎていた……」

「色々なサイトを見ているうちに、先ほどまで見ていたページがどこかわからない。お気に入りに入れたはずなのに見当たらない……前に見たページを履歴から探すも見つからない……」

「自社のニュースサイトや関連するデータを集める仕事をしているけれど、量が多くてそれを整理する作業に何時間もかかる……」

溢れ返る情報の海を回遊しているうちに、自分がそもそも何のために海に潜ってきたのかさえわからなくなる。大量に集めた情報を保存していたはずなのに、それもどこにあるのかわからない！　気が付く

と時間だけが溶けてなくなっていた。このように調べ物をしていただけで1日が終わってしまった経験はあなたにもあるはずです！

　だからこそ、何かしらの情報を収集しようと思ったときに「ggrks」の風潮に背中を押されて、半ば放心状態で検索の海にドボンと飛び込むのは危険です。

　インターネットリサーチを行う前に何を得たいのか「目的」→「場所」→「道具」を整理する必要があります。

　まず、「目的」の設定はすべての仕事の基本にもなります。
　何かしらの問題が起こっていてそれを解決したいのか、現状の調査をしたいのか、意思決定を行うのに必要な情報を知りたいのか、明確な目的を持つことで不必要な情報を排除し、時間を節約することができます。

　次に探す「場所」も大切です。信頼できる情報源を間違えてしまうと良い結果が得られません。たとえば、大学のウェブサイト、学術論文、政府機関のウェブサイト、専門家のブログなど、信頼性の高い情報源の場所を知っていることは大切です。

　「目的」と「場所」のイメージがついたら最後は「道具」の使い方を理解しているかで効率的な検索が可能になります。
　日本で最も多く利用されている検索エンジンであるGoogleの機能で、意外と使っている人が少ないけれど簡単に使えるのが「Googleツール」です。検索窓にキーワードを入れた後に、右上の「ツール」を押すと検索結果にフィルタがかけられます。

言語や、情報が更新された時期などを設定できます

　そのほかにも「画像」「ニュース」「動画」などで絞って検索すること
も可能です。

検索ワードに関する「画像」か「ニュース」か、などを限定できます

　言語検索だけではなくて画像検索機能も便利です。下記はお気に入
りだった洋服に似た服がないのかを検索した例になります。

似た色味の洋服を提案してくれます

　他にも検索範囲を顔だけに設定すると、その写真の人物を特定する

ことも可能です。あの画像の社長さんや著名人、名前なんだっけ
……? というときにも使えます。

旅行写真から、建物名の特定なども簡単

また、自分が気に入っている画像データを溜めておけるPinterestや、
読みたいページを一時的に保存し、後で読むことができるPocketは、自
分だけのブックマークのように利用することができます。そのページ
を知人に見せてイメージを共有するのにも便利です。

新しいサービスを利用しなくても、普段のチャットツールを使って
自分専用の情報箱を使うこともできます。

たとえば、Slackを使っている人は自分専用の場所を作って、お気に
入りの記事やURLに「旅行」のようなタグを付けて投稿することで後
で好きな情報を検索できます。LINEなどでも同じことができるので試
してみてください。

自分専用のチャットルームを作り、記事などをまとめられます

　このようにインターネットリサーチをしたいときには「目的」「場所」「道具」のそれぞれをしっかりと理解することで、ネットの「海」に溺れるムダ作業から解放されます！

これを ──→ こうする！

(26) 以前のページを、履歴をさかのぼって探す

(27) 毎日ニュースサイトで検索
　　→PinterestやPocketなど、自分だけのチャットツールで情報管理を行う

(28) 寄り道ばかりの情報収集
　　→「目的」→「場所」→「道具」で整理する

ツールとハサミは
使い用

管理のムダ

MUDA POINT

- ㉙ チャットでする話もわざわざメール
- ㉚ Excelで文書作成
- ㉛ Web版でクラウドストレージ管理
- ㉜ データ保存場所はSlack

「馬鹿とハサミは使いよう」ということわざがあります。

ハサミは上手に使えば切れるが、下手な使い方をすると切れるものも切れなくなる。愚か者はどうにもならないが、やはり使い方しだいで役に立つことがある。といった意味ですが、まさしくITツールも同じ。

使い方を間違っているために、逆にムダな仕事を増やしたり、そもそも使い方を理解しないままに「このハサミを切れないんですけど……全然使い物にならないじゃないか!?」とイライラを募らせて、ITツールそのものを否定するような人たちがいます。

ITツールはあくまでもビジネスの目的を達成させるための道具にすぎません。だからこそ、間違った使い方をしてしまうと更に業務を増やしてしまいます。

たとえばExcelでの文書作成。Excelは表計算ソフトウェアなので、テキスト文書を作成する仕事とは相性が良くありません。

書式設定に時間がかかったり、1つのExcelのセルに書ける文字には制限があるため、大量のテキストを含む文書を作成する場合には複数セルを使用する必要があります。

また、テキスト文書のような自由なレイアウトもできないので微妙なセル幅を調整してレイアウトを作成するなどムダが多く生じる可能性があります。

このように言うと「やっぱりか！　Excelで文書作成するのはムダ！絶対に禁止！」と声高く叫ぶWord推しの方が現れそうで恐ろしいのですが、それぞれのツールにはそれを開発した「作り手の想い」が入っているので、それを理解しましょうというだけにすぎません。

また、メールをチャットのように使っている職場もあります。

メールは通常、送信された後に相手が確認し、返信するまでに時間がかかるのを前提とした仕様になっています。そのため、チャットアプリのようにリアルタイムでやり取りを求めるコミュニケーションツールとして使うのには不向きです。

それなのに、即時性を求めるような内容をメールでやり取りすると、短いメッセージが大量に届いてしまうため、時系列で何が起きたのかを整理したり、内容を読み込むためのムダな時間がかかります。これを大人数でやってしまうとなおさら悲惨です。少しでも目を離したすきに、話はどんどん進んでしまい追い付かなくなってしまいます。

そのため、暇さえあればメールフォルダを確認したり、受信メッセージの再読み込みをしたりとムダな作業が増えてしまいます。

他には「情報共有をクラウドでやろう！」といってDropboxやMicrosoft OneDriveのようなクラウドストレージサービスを導入したとします。

「これでわざわざメールやSlackにデータを添付して送り合いのような事がなくなる」「みんなで共同のフォルダを更新すれば良いので楽になる」はずです。

ところが、「毎回毎回、共有のファイルを開いて加工するためにダウンロードして修正、またアップロードしなければいけない。これなら、メールやSlackに貼り付けるのと変わらないのでは？」と言われてしまい全然使われない。

このような罠に陥ってしまう方のパソコンをのぞいてみると、大概

の方はデスクトップ版アプリケーションをインストールできていません。

　Google ChromeやMicrosoft Edgeなどのウェブブラウザ上でフォルダを開いていませんか？

　ブラウザ版だといちいちそのサイトにアクセスしログイン、ファイルのダウンロードを選択して、自分のPCに保存、修正して再アップロード……などの手間が生じます。

　実はDropboxやMicrosoft OneDriveなどに代表される、クラウドストレージとファイルを同期できるサービスでは、基本的にデスクトップ版のアプリケーションを提供しています。

　なので、メインのPCではデスクトップ版を使うのを基本にしてください。

　これにより、わざわざウェブブラウザを開いてログインする必要がなくなります。

　また、自分のパソコンで作業しているのと同じようにファイルを作成、編集、削除すると、自動的にクラウドのファイルも更新されるので、手動でファイルをアップロードやダウンロードする手間がなくなります。

　また、インターネット環境のないオフライン状況でもファイルにアクセスできます。クラウド上のファイルがデスクトップ上とつながっているので、オフラインで作業をしたりフォルダの中を確認することができます。そして、インターネット接続が再開されるとファイルは自動的に同期されて更新されます。

また、パソコンで作業しているのと同じようにドラッグ＆ドロップするだけでファイルをアップロードしたりダウンロードできます。

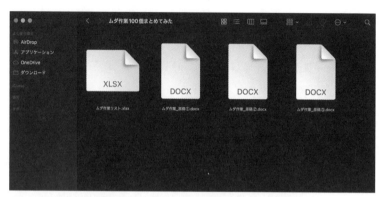

PC内のフォルダと同じように、クラウドのフォルダも編集できます

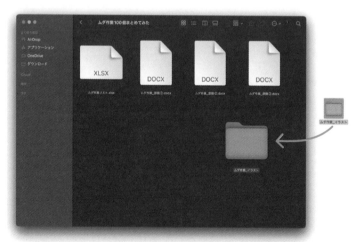

いつも通りのドラッグアンドドロップで、クラウドに保存！

Slackをフォルダ代わりにしてデータ保管場所として使用するのも同じです。Slackは基本的にチャットツールとして設計されており、メッセージのやりとりを中心に機能しています。

そのため、ファイルやデータを構造化して整理する概念が不十分です。どこに何があるのか探すのにムダな時間がかかります。また、アップロードできるファイルサイズや容量にも制限があるため、大量のファイルを保存できない場合もあり、結果的に手動でフォルダに整理し直す必要があります。

果物ナイフが小さくて持ちやすいからと硬いかぼちゃを切ろうとしたら何時間もかかるどころか怪我をしかねません。

ITツールも同じです。簡単で良いので道具の使い方を理解することでムダ作業が減らせます。

これを ⟶ こうする!

(29) **チャットでする話もわざわざメール**
　　　→リアルタイムのコミュニケーションはチャットで行う

(30) **Excelで文書作成**
　　　→Wordを活用する

(31) **Web版でクラウドストレージ管理**
　　　→デスクトップ版(アプリ版)を活用する

(32) **データ保存場所はSlack**
　　　→フォルダで管理する

ぼくのデータは
ぼくのもの

管理のムダ

名刺

MUDA POINT

33 個人管理される名刺たち

34 おのおののPCに保存されるデータたち

名刺交換でもらった名刺。誰のものか考えたことはありますか？

この質問に対しては「……何の話をするつもりですか？」くらい興味のない人がほとんどかもしれません。

私は会社員時代から営業管理業務の業務改善を主としてやってきました。営業の方々は会社の中でもダントツに名刺交換の多い職種です。その現場でよく見かけるのは、輪ゴムでグルグル巻きにされた名刺が引き出しの中に無造作に入れられていたり、コレクションされたトレーディングカードのごとく美しく収納されていたり。

みなさん、自分なりのやり方で名刺を所有しているのです。

ここで思い出してほしいのですが、会社の看板のもとに交換した名刺は自分のものではありません。個人の所有物ではなくて組織のものなのです！　それを会社自体もすっかり忘れて個人のやり方に任せっきり。

これによってどのようなことが起こるかというと、まず社内での情報共有ができません。他部署はもちろんですが、同じ部署でも誰とつながっているのが分からない状況のため、意図せず同じお客さんに提案をしてしまうムダも発生します。また、担当者が辞めてしまうと接点を失ってしまったり、紙の名刺を整理するのに膨大な時間もかかります。「アプローチリストやメルマガを作ろう！」と思い立っても顧客リスト作成の手間を考えるとゲンナリしてしまいます。

これは営業部だけの話にはとどまりません。外部から電話がかかっ

てきた際に面識のない社員宛の電話取次に手間取ってお客さんを待た
せてしまう非効率にもつながります。

　購買や調達部門でも同じようなことは起こります。部内で調達先の
リストがないためにそれぞれの扱っている商材が把握しきれていない
ため、調達したい商材を扱っている企業調査に莫大な時間がかかりま
す。やっとの思いで探し当て連絡すると「御社の元山さんにはいつも
大変お世話になっております」と、横に座る人の引き出しの中に調達
先の名刺が息をひそめていたります。

　また、紙で取ったアンケートやお客さんからの申込用紙を、自分だけ
のファイルに綴じ込んでいるのはどの職場にもあるおなじみの光景です。
　このように「ぼくのデータはぼくのものマインド」は、ムダな保管場
所や手間がかかったり紛失するリスクがつきまとうのです。

　ただ、私が言いたいのはそんな当たり前のことだけではありませ
ん。このムダ作業は、私たちが得られるかもしれないチャンスさえも
逃しかねないのです。

「データは21世紀の石油」とも言われています。20世紀、つまり100年
以上前に車が普及し工場が増え、船や飛行機が世界をつなげるように
なりました。これらすべてを動かしていたのが石油でした。石油は、
経済を動かす非常に大切なエネルギーでした。石油を持っている国は
豊かで強かったのです。今の時代は、データがその役割を果たしてい
ます。

たとえば私たちがスマートフォンで何かを検索するとき、その情報はどこかに記録されていて、どんな商品を買うか、どんなニュースを読むか、どんな人と話すか、すべてデータとして集められています。そして、それらのデータを分析することで、好みや行動を理解して企業は新しい商品を開発したり、マーケティング戦略を考えたりしているのは想像にかたくないですよね。

データは新しいアイデアを生み出すエネルギーなのです。

同じように名刺データを会社として管理して社内の人脈を共有することができれば、各顧客への戦略が立てられます。いつでも最新のアプローチリストも作れます。他の調達部門との取引情報をもとに、同じ製品購入の交渉を優位に進めることもできます。

社内で扱っているすべてのデータは個人の所有物ではなく会社のものであることをもう一度思い出してムダを省くのはもちろんですが、新しい価値創造につなげましょう！

これを ⟶ こうする！

(33) **個人管理される名刺たち**
　　　→名刺・顧客管理システムを導入してデータベース化

(34) **おのおののPCに保存されるデータたち**
　　　→アンケートフォームなどを活用してデジタルデータ化

だれも幸せにならない

オリジナル
Excelルール

結合
させちゃお…

MUDA POINT

㉟ マイナールールのExcel入力

　何かしらのデータを集計しようと Excel を開くと、そこには多様な価値観を持つ人が自分なりのオリジナリティをこれでもかと見せつけた入力方法が……。

　1つのマスに沢山の情報を入れる人がいたかと思うと、数字の間に空白（スペース）を入れて区切りたい人、セルを結合したり分離したい人。人によって、こだわりが違うと入力方法はバラバラになります。こうなっていると、沢山入力されているマスから情報を1つずつ取り出したり、邪魔なスペースを削除したり、セル結合を解除したりと、データとして活用できるようにするための大量な時間がかかります。

　ここで誤解してほしくないのは私は「Excelでマス結合するなんて絶対にありえない！　悪！」と布教活動をしたいわけではありません。

　その Excel が最終的に何に使われるのかを理解する視点を持ってほしいのです。そしてそれが最終的にデータとして活用されるのであれば、理解しておきたい入力マナーがあります。

　私たちがパソコンやスマートフォンを一切使わない日はないに等しいはずです。それらの機器が何をしているのかを簡単に言うと、情報を送受信しています。この情報が「データ」なのです。

　そのため、現代ではデータをコンピュータに読み込ませたり、コンピュータからデータを取り出す仕事が想像以上に増えています。そして「データは21世紀の石油」と前述したとおり、これは重要な仕事になっているのです。一見なんの関係もないように思えるリストも他の部署

ではデータとして扱われていたり、今後データとして新しい価値を生み出すかもしれません。

　たとえば、みなさんが入力している勤務シフトのExcel表が、他の社内システムに取り込まれていたり、今後AIによる自動勤務作成のベースとして使われるかもしれないのです。

　そこで、新しくExcel表を作成する際には、最初からコンピュータがモグモグと食べやすい形（データ形式）にしておくのが効率的です。ここで、どんな形式がコンピュータの好みかというのは総務省が令和2年に出している「統計表における機械判読可能なデータの表記方法の統一ルールの策定」を参考にしていただくのがおススメです。タイトルは難しそうですが、とても分かりやすい内容になっています。

　いくつかコンピュータの好き嫌いの例をご紹介します。

嫌い：1つのマスにたくさん入れる
好き：1セル1データ

修正前	
1セルに複数のデータが入力されている	
全国	
仕入額	373（平成27年度）、434（平成28年度）、549（平成29年度）、638（平成30年度）、741（平成31年度）
出荷額	973（平成27年度）、1234（平成28年度）、1449（平成29年度）、1738（平成30年度）、1841（平成31年度）

修正後		
1セル1データとして入力した状態		
全国		
	仕入額	出荷額
平成27年度	373	973
平成28年度	434	1234
平成29年度	549	1449
平成30年度	638	1738
平成31年度	741	1841

嫌い：セルを結合（または分離）

好き：セルの結合を解除

修正前

セルが結合（又は分離）されている

	管理職	従業員数 （上段は正社員、下段はパート）	
第一 営業所	3		15
			2

市区町村	生産本数
ちよだく 千代田区	58406
ちゅうおうく 中央区	141183
みなとく 港区	243283

修正後

セルの結合を解除した状態

	全国	
	仕入額	出荷額
平成27年度	373	973
平成28年度	434	1234
平成29年度	549	1449
平成30年度	638	1738
平成31年度	741	1841

これを ⟶ こうする！

(35) マイナールールの Excel 入力
→コンピュータ好みのデータ形式を意識する

メールの沼

管理のムダ

MUDA POINT

㊱ 長時間のメールチェック

㊲ 夜中にメールを見て翌朝には忘れる

㊳ 大量に届くメルマガで重要なメールが埋もれる

メールは今や仕事を進める上でなくてはならないツールとなっており、私たちの受信トレイには目を伏せたくなる量のメールが届きます。メールに気を取られていると、いつの間にか1日が終わってしまう。

このような人はメールが届くたびに、他の仕事を中断してメール対応をしてしまいます。

話していても通知がくるたびにソワソワして「やばい……メールきてる……」と気もそぞろになっている人があなたの周りにもいるはずです。真面目な人ほど目の前でアラームを鳴らされると反応してしまうのは仕方がありません。

そのような人が多くいる組織ではメール返信が1つの仕事になってしまうため、メールラリーが続きます。重要な資料も基本はメールの中に存在するため、添付ファイル探しなどお目当てのメールを探し当てるためにさらに膨大な時間を使います。

最近は、資料の問い合わせをしただけ、商品を購入しただけ……そんな企業から大量のメルマガも届きます。これらに重要なメールが埋もれてしまっては大変！　大量に届くメルマガを1通1通消す作業も加わってきます。

そこでメールと上手く付き合うためには、まずは過剰な通知設定を見直す必要があります。カリフォルニア大学アーバイン校の情報学部教授、グロリア・マーク氏は米国のビジネス誌『Fast Company』のインタビューにて「中断した作業をもう一度再開するまでには23分15秒の時間がかかってしまう」と言っています。重要な仕事に取り組むときはあえて通知を切って集中時間を作るのは大切です。可能ならメール

チェックする時間帯を最初から決めておくのもおすすめです。

　一般社団法人日本ビジネスメール協会による「ビジネスメール実態調査 2020」では、返信がこないと遅いと感じるのは、送信後「1日（24時間）以内」（44.59%）が最も多く、「2日（48時間）以内」（22.42%）と続きます。朝にメールをチェックして返信。昼前後の手が空いたとき。そして夕方に返信。このように1日3回返信にしても、3から4時間程度で対応できることになります。これで、重要な仕事に集中できる土壌が整います。

　その上で実際にメールを処理する場合には「二度触らないルール」を徹底すると良いでしょう。あるメールに目を通して思案したあげく何だか面倒くさくなって放置。夕方になって放置されたメールを思い出しようやく着手。思い出すためにもう一度メールを読み返すのは脳

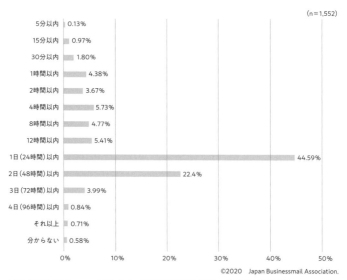

（一社）ビジネスメール協会による「返信が遅いと感じる時間」

を疲弊させてしまいます。また、夜中にちらっと見たメール。起きたら返信しようと思ったまま放置して忘れてしまう……。これらを防ぐためにも、メールを開いたら何かしらのアクションを取ってください。たとえば2分以内で返信可能なものはその場で処理する。もし、その場でこなせないのであれば「スター」を付けておく。「未読」に戻しておくなどのルール作りが大切です。

そもそも届くメールを少なくする工夫も大切です。メルマガ配信などは最初に届いた瞬間に解除してください。今後、毎日のように届くムダ情報を削除し続ける作業から、一度だけの解除の手間で未来の自分を救ってあげてください。

PCスマホで操作するときには画面上部の検索窓に思いつくキーワードを入れることができますが、さらに詳細な検索要素で絞ることができます。メールの検索機能をうまく活用しましょう。

これを ⟶ こうする!

- (36) 長時間のメールチェック
  →通知設定の見直しとメール対応の時間を設定する
- (37) 夜中にメールを見て翌朝には忘れる
  →二度触らないルールを徹底
- (38) 大量に届くメルマガで重要なメールが埋もれる
  →届いた瞬間に解除申請を行う

「半」デジタル

あれ……?

管理のムダ

MUDA POINT

---

(39) 特定のネットワークや端末からでないとアクセスできない

(40) 特定の人しかアクセスや入力がシステムできない

　ここまでITツールを使ってムダ作業から逃げ出す手法をいくつか紹介してきました。ただ、この本を手に取ってくださった読者の中には「そもそも、うちの職場はセキュリティ上Google禁止だから……」と物悲しげな表情を浮かべている方がいることも理解しています。

　まだまだ、昔ながらの業界や企業ではこうしたITツール（クラウドを使ったサービス）の使用をそもそも禁止しています。

　また、特定の端末や社内ネットワークからでないとアクセスしてはいけないとか、承認を得た特定の人だけしかシステムへのアクセスや入力ができないようになっている組織もあります。

　これには、機密性の高い個人情報を取り扱う会社など、やむをえない事情の方もいることでしょう。

　とはいえ、承認を得ている代理の人に頼んで閲覧や入力をしてもらったり、情報を確認するためだけにわざわざ会社へ出社するはめになり、ムダはもちろんですが最新の情報をキャッチできずにタイムラグが発生します。

　社内PCからは外部サイトへのアクセス制限がかかって見られないケースも多くあり、社外の人とのメッセージのやり取りやファイル共有ができなかったり、YouTubeやニュースサイトが見られないために話題の情報から取り残される可能性もあります。

　さきほどから紹介しているITツール（クラウドサービス）は、どこからでもどんなデバイス（PC/スマホ/タブレットなど）からでもアクセスで

きることが最大の魅力です。組織に残るレガシーなシステムを昔ながらの考え方で運用しているために、こうした魅力を活用できていないとしたら、思った以上に事態は深刻です。

　今までのやり方を変えるのは恐いことです。しかし、世界は驚くほどのスピードで変化しているので、現状維持では流れから取り残されてしまいます。

　デジタル化するのであれば、その魅力をいかさなければ全く意味がありません。これまでの当たり前を疑い「半」デジタル化を壊す勇気が必要です。

これを ⟶ こうする！

(39) 特定のネットワークや端末からでないとアクセスできない

(40) 特定の人しかアクセスや入力がシステムできない
　　　→デジタル化後の運用方法を見直す

3

「共有」
のムダ

それメールじゃなくてよくない?

管理のムダ

MUDA POINT

41) 近くの座席の人にわざわざメール

42) メールの文章を考えるのに30分

「電話は相手の時間を奪ってしまうので……。電話で話すのが苦手なので……」そんな理由もあり仕事のやり取りはほぼメールです！　という人は多いのではないでしょうか。職場によっては隣の座席にいる人にもメールすることさえ起こっています。

また、文章を書くのが苦手で1通書くのにすごく時間がかかってしまうこともあります。「失礼じゃないかな？」「言葉が足りないかな？」と見直しをしているうちに、気付けば1時間……なんて経験がある人も多いのではないでしょうか。

基本的に誰にでもわかりやすく自分の意図を含ませた文章を書ける人はほとんどいません。そのため、メールは上手く意思疎通がしづらく「この文章の裏側にはどんなメッセージが込められているのか？」と文章の裏側を紐解こうとして返信に時間を有してしまうのです。

メールのコミュニケーションは一方向が基本です。まず、送り手が文章をまとめて受け手にパス。受け手がそれに返信することでやり取りが成立します。この繰り返しをしながら仕事が進んでいくので、この一連のスピードやクオリティが合わない人が紛れると手戻りが生じて、イライラが積もり仕事はとても複雑で混乱したもののように感じます。

また、大勢が関わる仕事をメールで進めると、少し目を離したすきに大事な話が進んでしまうこともあります。そうなると、そこまでの経緯を読み込む仕事も発生します。読み飛ばしてしまった際には「メールに書きましたよね！」なんて言われかねないので大変です。

なので「電話は相手の時間を奪う」というのは電話のデメリットではありません。こう話すと「だからメールはダメ！　電話で直接声を聞くのが大事なんだよ！」と、電話派vsメール派の永年の戦いが勃発しそうで不安なのですが、両者とも仕事の目的を達成するための単なるコミュニケーションツールにすぎないため優劣をつけることではないのを理解してください。

　電話とメールの大きな違いは「情報量」にあります。たとえば情報量が多く意図をしっかりと理解しないといけない議題について意見交換する場合、メールのように前のステップが終了して次のステップに進むような一方向のコミュニケーションツールでは、何度も往復が必要になります。複雑なコミュニケーションになりそうなら電話やオンライン会議などを10分したほうがずっと早い場合もあります。それぞれの特徴を理解して使いこなしましょう。

　たとえば、急ぎの問い合わせやトラブル報告など、即座の対応が求められる場合には電話が適しています。

　電話は双方向のコミュニケーションが可能であり、リアルタイムでの対話が行えます。プロジェクトの進捗状況の確認や、双方向の意見交換が必要な場合も電話が適しています。

　また、電話では声のトーンや表情が伝わるため、感情やニュアンスの伝達が容易です。交渉や相談、クレーム対応のような感情やニュアンスが重要な場面も同じです。なので、メールで「ニュアンスは伝わっているのかな？」と悩むこと自体が本質とかけ離れています。

　一方、メールは書面として残るので必要な情報を確認するための履歴になります。進行状況の報告や指示の確認など、将来的な参照や追

跡が必要な場合にはメールが適しています。

　基本的に「Yes ／ No」で答えられるものはメール。「What ／ Why」の理解が必要なものは電話と使い分けるとわかりやすいです。

　そのうえで、コミュニケーションはメールor電話のどちらかしか選択してはいけないわけではありません。もし「メールの書き方が失礼だったかも」と思ったら電話をかけてフォローすることもできます。ツール（道具）に振り回されないでください！　あくまでもツール（道具）を使うのは私たち人間です。

	迅速	ニュアンス	履歴
メール			○
電話	○	○	

電話とメールの向き不向き

これを ⟶ こうする！

㊸ 近くの座席の人にわざわざメール

㊷ メールの文章を考えるのに30分
　　→電話とメールの特徴を理解する

気が利いてる風メール

管理のムダ

MUDA POINT

---

43 毎回メールで会議のリマインド

44 共有したいデータのありかをメール文書で説明

　定例MTGが開催される前日のこと……。

「お疲れ様です。会議のリマインドをお送りします。以下のZoomリンクにて開催いたします！よろしくお願いします」と送られてくる一斉リマインドメール。それに並ぶ「承知しました！」の返信メールたち。

　会議のすべてにこんなことをやっていると時間がいくらあっても足りません。また受手側にも返信する手間を強いてしまいいます。参加人数の多い会議だと、仕事に直接関係のない無意味な「承知しました！」メールが並んでしまい、本来重要なはずのメールが埋もれてしまいかねません。

　資料の内容確認の依頼メール。

「お疲れ様です！　共有フォルダ、01_商談管理、002_顧客管理フォルダ…に格納してあります"実践！明日から始めたくなるDX講座！_Vol.1"をご確認ください」

　フォルダに入っている資料の場所が書かれた文章を頼りにフォルダを探って資料を探し当てる。メールを受け取った側はもちろんですが、送り手側もフォルダの場所を確認しながら文章を書くので手間がかかってしまいます。

　このように、一見丁寧で「気が利く風」なメールですが、少しの工夫で更に仕事が進めやすくなります。

　たとえば、会議はGoogleカレンダーで会議を参加者と共有しておく

と会議前に自動でリマインドを送ってくれます。ZoomやGoogle Meet
などと連携しておくと、わざわざ会議を開催する度に会議リンクを発
行する必要もありません。

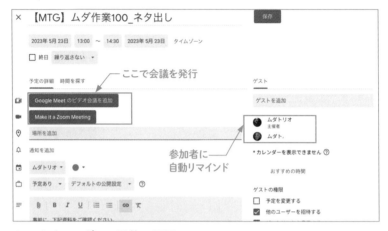

Googleカレンダーの予約の画面

　資料の場所を教える方法もですが、わざわざ文章にして書かなくて
も共有先のフォルダリンクをコピーして貼っておけばクリックするだ
けで場所を確認することができます。共有方法に違いはありますが、
DropBoxやOneDriveなどのオンラインストレージサービスではリンク
の共有が出来るのが基本です。フォルダとメールを行ったり来たりす
る必要がなくなります。

　デスクトップ版を使っている方は、確認してほしい資料のファイル
名だけ伝えておけば大丈夫です。検索窓にファイル名を入れれば一瞬
で目当ての資料にたどり着きます。

共有フォルダの右上にファイル名を入れればすぐ見つかります

このように「気が利く風メール」も少しの工夫で現代版にリメイクすることで、ムダ作業を減らすことができます。

これを ⟶ こうする！

(43) 毎回メールで会議のリマインド
    →カレンダーと連携して、URL発行・自動リマインドする

(44) 共有したいデータのありかをメール文書で説明
    →フォルダリンクを共有する、ファイル名で検索する

それぞれで更新した結果……

終わらない
アップデート

管理のムダ

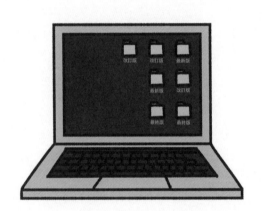

MUDA POINT

---

(45) 文章を複数の人で修正して先祖返りしてしまう

(46) 配布した資料にミスが見つかり、後から各自にて修正

(47) 資料の添付メール忘れ

　新しいプロジェクトが始まり、5人のチームが一緒にお客様への提案書を作成する状況を想像してみてください。1つの案が作成され「素案作成したので、みなさん追記修正をお願いします！」というメールが送られます。

　それを受け取ったメンバーAは資料を自分のパソコンにダウンロードし「追加したので確認お願いします！」と修正した資料を送信します。同時に、メンバーBも修正を行い、「最新版を添付いたします！確認お願いします」と送信します。このようにして様々なバージョンのファイルが生まれ、それぞれがどのような修正を加えたのか大混乱した経験はないでしょうか。

　さらに、資料の修正や追加が進み、次第に内容が複雑化すると、「先祖返り」という現象が発生します。これは、修正がすべて反映された最新のファイルではなく、以前のファイルに修正を加えてしまったり、以前のファイルと最新のファイル間で変更点があるにもかかわらず、その変更が反映されず、新たな最新ファイルが作成されてしまう状況を指します。

　その結果、誤ったファイルに基づいて作業を進めて混乱が生じ、最悪の場合、資料を最初から作り直す必要に迫られることもあります。

　今日中に提出してもらいたい申請書。夕方にやっと届いたメールを開くと……お目当ての申請書が添付されてない！

　震える感情を抑え電話をすると「え？　あぁぁぁ…すみません。添付漏れです！　帰宅中なのでPC開けるまで少しお時間ください」

　ファイルが添付されるのを待つためだけに残業……。

このように各自がファイルを自分のパソコンに持ち帰る「パソコンにお持ち帰り」作業は想像以上に私たちの時間を圧迫するムダ作業です。

これらの問題を解決するためには、Webブラウザ上で動作するGoogleやMicrosoftが提供しているクラウドソフトを利用することが有効です。

これらのツールはインターネット上に存在する1つのWordやExcelファイルを、全員で共有して同時に編集をすることが可能なため、ファイルを添付してメールで送るという手間が省けます。どのファイルが最新版であるかや、誰から返信がきていないかなどを気にする必要もなくなるのです。

作成者は「資料を作ったので、必要があれば3日後までに追記修正しておいてください」と連絡し、資料のURLを添付するだけで、各自が自由に、かつリアルタイムでファイルを修正したりコメントを追加することが可能になります。

そして、期限がくれば作業終了とし、それまでに集まった全員の追記・修正を整理して資料が完成させます。

誰がいつどこを修正したのかが履歴として残るため、一目で理解することができます。更に、万が一の間違いがあっても、特定の時期まで遡って元に戻すことが可能です。共同編集で資料作成の新たなスタンダードを体験してみましょう。

		オンライン	
		Google	Microsoft
オフライン	Word	Google ドキュメント	Word online
	Excel	Google スプレッドシート	Excel online
	PowerPoint	Google スライド	PowerPoint online

Officeをオンラインで代用できる例

これを ——→ こうする！

---

④⑤ 文章を複数の人で修正して先祖返りしてしまう

④⑥ 配布した資料にミスが見つかり、後から各自にて修正

④⑦ 資料の添付メール忘れ
　　 →クラウドソフトで共有・同時編集する

「処理」のムダ

誤入力の恐怖と戦う

同じ内容の 転記・転載地獄

処理のムダ

MUDA POINT

---

(48) 集計したアンケートを人力で転記

(49) バイトのシフトを Excel のリストに転記

(50) 営業が Excel に顧客情報を入力後、営業事務が顧客管理 システムに再入力

　社内アンケートを紙で配布して回答してもらい、回答用紙を集めて集計用の Excel に転記……。

　Word のアンケートをメールに添付。回答して返信してもらう。集計用の Excel に転記……。

　バイトのシフト管理。みんなから希望の出勤日を LINE で集め、シフト管理表の Excel に転記……。

「どんな風にシフト組んだら良いかなぁ」と整理して、確定したシフトを再度 LINE に転記して連絡。

　顧客情報の管理。営業部門が Excel シートに顧客情報を記入し、その後、事務部門が同じ情報を会社の顧客管理システムに転記。

　このように同じ内容を別の場所に転記・転載する作業。1 回ならまだしも、会社全体でみると 2 回 3 回 4 回……と同じ情報入力が数回にわたって行われていることも珍しくありません。

　転記・転載作業は、同じ情報をダブって入力しているにすぎず、マイナスをゼロにする作業でしかありません。その割に転記・転載作業には、誤入力などのミスが生じる可能性を含んでいるため、成果に直結しないので評価されづらい割に、ミスで怒られてしまうリスクを含んでいるというプレッシャーの大きな作業なのです。

　だからこそ、転記・転載作業が増えていくと虚しさが募って苦しくなってしまいます。

　ただ、この転記・転載作業で救いになるのは、ムダ作業の中でも見つ

けやすく自動化やデジタル化に置き換えやすい点です。

たとえば、アンケートを取る場合は最初からネットのアンケートフォームを使います。色々なツールがありますがGoogleアンケートフォームが簡単に始められて便利です（下図）。

社内アンケート
サービスの改善についてお客様のご意見、ご要望をお聞かせください。

フィードバックの種類
○ コメント
○ 質問
○ バグの報告
○ 機能のリクエスト

フィードバック *
記述式テキスト（長文回答）

Googleアンケートフォームの例

また、バイトのシフト管理も最終的にExcelの集計表に入力するのであれば、GoogleスプレッドシートやExcel Onlineのクラウドソフトで集計表を作って直接入力してもらったり、Googleのアンケートフォームを使ってシフトを調整する方法もあります（次ページ図）。

また、Excelから業務システムへの入力にはRPAも便利です。

RPAとは「Robotic Process Automation」の略で、日本語では「ロボティック・プロセス・オートメーション」と呼ばれます。異なるアプリケーションやシステム間をつなぎ、人間が普段行っている繰り返しの多い仕事を自動化してくれます。

営業部門がExcelに情報を入力したら、RPAのプログラムが自動でその情報を拾って、業務システムに入力してくれるため、事務部門の方が転記・転載する手間を省いてくれます。

このように、転記・転載の作業を見つけたら放置せずに新しいやり方を試してみましょう！

クラウドソフトでのシフト表の例

これを ──→ こうする！

(48) 集計したアンケートを人力で転記
　　→Googleのアンケートフォームを使う

(49) バイトのシフトをExcelのリストに転記
　　→Googleスプレッドシートなどのクラウドソフトを使用する

(50) 営業がExcelに顧客情報を入力後、営業事務が顧客管理システムに再入力
　　→RPAなどでデジタル化を検討する

今日、何日だっけ？

いちいちカレンダー

処理のムダ

MUDA POINT

---

⑤1 Excelで都度日付を確認&手入力

Excelの一覧表に日付を入力。「あれ今日って何日？」とカレンダーを見ながら手打ち。

このように、何かしらの日付を入力しながら資料を作ったり、データ入力したりすることがあると思います。そのたびにカレンダーを見るのは大変です。実はこれが自動で入力される方法があります。

それがExcel関数です。

「関数……」

この言葉を聞くだけで抵抗感を感じる人もいるかと思います。その気持ちもとても理解できますが、「関数」という言葉が小難しい感じを助長させているだけです。**そこで、関数とはExcelを自動化する“呪文”くらいに思ってもらって大丈夫！**

騙されたと思ってExcel表を開いて適当なセルに次の呪文をそのままに入力してください。入れる場所はどちらでも大丈夫！

現在の日付を自動で入力したいときの呪文、それは

=TODAY()

一度呪文を入れておけばファイルを開くたびに日付が更新されます。こちらはGoogleスプレッドシートでも同じです。

これを ⟶ こうする！

(51) Excelで都度日付を確認&手入力

→TODAY関数を使う

365日手入力

処理のムダ

いつもお世話に……

MUDA POINT

---

(52) アドレスや住所を都度手入力

　パソコンの辞書機能を活用して、頻繁に使用するテキストを短いキーワードに関連付けすることで時短できます。

・ほむぺ：自社のホームページURL
・いつおせ：いつも大変お世話になっております。
・めーる：自分のメールアドレス

　など、単語登録の読みは自分が思い出しやすい方法を試してください。これにより、キーワードを入力して変換するだけで、長いテキストを素早く入力できます。

単語登録の様子

これを ——→ こうする！

㊿2 アドレスや住所を都度手入力
　　→辞書機能に、多用するテキストを登録する

直感操作に慣れすぎちゃって……

マウス依存症

処理のムダ

MUDA POINT

- (53) それぞれのファイルをひとつずつコピペ
- (54) 「元に戻す」ボタンをいちいちクリック
- (55) なんでもマウスでドラッグ&ドロップ
- (56) 大量の情報をマウスホイールでスクロール
- (57) いちいちアプリごとに画面を切り替え

コピー＆ペーストのムダ作業

　長めの文を別のファイルに転記したいとき。マウスの場合、まずテキストをドラッグ。次に、選択したテキストを右クリックして表示されるメニューから「コピー」もしくは「切り取り」を選択。その後、マウスを使って貼り付ける場所を選び、再度右クリック。そして表示されるメニューから「貼り付け」を選択してテキストを貼り付ける、という行程です。

　しかしショートカットを使いこなせば、

　テキストを選択してコピー：Ctrl+C（Windows）／ Cmd+C（Mac）

　場所を選択して貼り付け：Ctrl+V（Windows）／ Cmd+V（Mac）

　だけで済みます。

元に戻すのムダ作業

　WordやExcel、PowerPoint、メールやメモ帳など普段作業をしていて「しまった！　間違えたー」と、書いた文章や、貼り付けした画像の位置を元に戻したいと思う瞬間があります。たとえば、これがWordやExcel、PowerPointなどの場合には画面左上の「↰」マークをマウスでクリック。

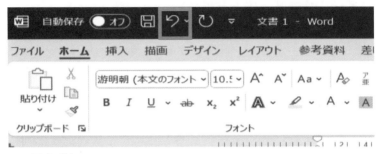

元に戻すボタン

しかしショートカットを使えば、

Ctrl+Z（Windows）／ Cmd+Z（Mac）

で、1つ前の作業に戻って文章を直すことができます。キーボードから手を離さずに操作が時短できます。

Windowsの元に戻すのショートカット

全選択のムダ作業

長い文書内のすべてのテキストを選択して一括で削除したいとき。

フォルダ内の溜まった画像をすべて選択して消したい。

それじゃあマウスを使ってドラッグ……。あれ、ちょっとズレちゃった。という経験はありませんか？ これも、

Ctrl+A（Windows）／ Cmd+A（Mac）

ですべてのテキスト、フォルダ内のすべてのファイルを選択可能になります。

消したいときは

全選択→Delete（Windows）／全選択→BackSpace（Mac）

コピーするなら

全選択→Ctrl＋C（Windows）／全選択→Cmd＋C（Mac）

など幅広く応用できます。

Windowsの全選択のショートカット

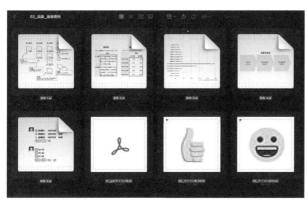

マウスを使わず、確実に全選択

Excelの一覧表を見ながら、表の一番下の行や一番右端の列に文字やデータを追加する時に、マウスでずっとスクロール。作業をしながら、もう一度上の行に戻って内容を確認したいので、再びマウスでスクロール。このように、Excel表の中を上や下、右や左に行ったりきたり……これを永遠とマウスでやり続けるのは大変です。

Ctrl＋↓／Ctrl＋↑／Ctrl＋→／Ctrl＋← (Windows)
Cmd＋↓／Cmd＋↑／Cmd＋→／Cmd＋← (Mac)

今、自分が選んでいるセルから、次のデータまで瞬時に移動できます。

Windowsのスクロールのショートカット

画面の切り替えのムダ

パソコンで作業する際は、画面の切り替えが必須ですが、複数のアプリを起動しているとき、先程まで開いていた画面がわからなくなってしまうことはありませんか？　それをわざわざマウス＆クリックで切り替えるのもムダ作業……。

そんなときはAlt＋Tab（Windows）／Cmd＋Tab（Mac）キーを使っ

てください。［Alt］キーを押しながら［Tab］キーを押すことで、今開いているウィンドウやアプリが一覧で見ることができます。あとはお目当ての画面を選択するまで[Tab]を押せば、切り替え完了です。

Windowsの画面切り替えのショートカット

これを ──→ こうする！

（53）それぞれのファイルをひとつずつコピペ

（54）「元に戻す」ボタンをいちいちクリック

（55）なんでもマウスでドラッグ＆ドロップ

（56）大量の情報をマウスホイールでスクロール

（57）いちいちアプリごとに画面を切り替え
　　　→ショートカットキーを活用する

目視チェックと人力修正

処理のムダ

58 変更したい文章を目視チェック＆人力修正

　社内で取り扱う商品カタログをExcelとWordで作成する際、カタログには商品の説明文や価格表が含まれています。

　カタログを制作中、商品の仕様と価格が変更され、一部の表現を変更したいという要望が発生してしまいました。

　そこで、対象となる製品名を目視でチェックして新しい製品名に修正……これでは、ミスや漏れが発生してしまいます。

　そこで使いたいのが「検索と置換」機能です。

　まず、ホームの検索と選択から「置換」を選んでください。

　変更が必要な文字列を入力。置き換えたい文字を入力！

こちらで対象の文字がすべて新しい文字に入れ替わります。

これは置換したい言葉を一気に切り替える、という使い方だけでなく、半角数字と全角数字が入り混じったファイルを一気に半角に揃える……などの使い方も出来るので非常に便利。

作業が減るだけではなくて、目視チェック漏れによるエラーも防げます。ぜひ活用してみてください！

これを ──→ こうする！

(58) 変更したい文章を目視チェック＆人力修正
　　→「検索と置換」機能を活用する

「コミュニケーション」
のムダ

結局電話で説明する

仕事のラリーが止まらない

「コミュニケーション」のムダ

MUDA POINT

(59) メールの内容を確認するためにわざわざ電話

　仕事のラリーが多くなってしまう人と少なく進む人がいます。あまり意識しないかもしれませんが、ラリーの回数は業務プロセス視点では、注意しなければならない重要なポイントです。

　１回のラリーが１分で完了するやり取りだったとしても、仕事には「付帯作業」というものがかかります。付帯作業の元々の意味は、その作業や出来事に伴い発生する別の作業なのですが、オフィスワークをする私たちにとっての付帯作業とは新たな思考発生を意味します。

　たった１分の仕事でもそれがいくつも発生すると、その度に私たちは細かな仕事と仕事の合間をいったりきたりと、思考をスイッチングさせる付帯作業の時間を発生させているのです。これが積み重なっていくと脳はどんどん疲弊していきます。

　その上、仕事のラリーは相手の時間までも奪う行為です。だからこそ「仕事のラリー」好きな人がいるチームやプロジェクトは、よくわからないけれど何故か疲弊していきます。物事が全然進まないのに常に忙しく何かに追われている感覚に陥って１日が終わっていくのです。

　そこで、私たちは常にラリーを減らす工夫を考える必要があります。

　たとえば、ミーティング依頼のやり取りをする場合だと、

✕　ラリーが多くなる問いかけ

　→ 会議のお時間いただけないでしょうか？

◯　ラリーを減らせる問いかけ

　→ 会議のお時間いただけないでしょうか？　今週であれば13日

（水）13:00から14:00が空いております。難しい場合にはおっしゃってください。

1つのメールに次の行動につながる情報を書くと、そのあとのラリーが少なくすみます。

他にもメールで質問をしているのに、その返信にわざわざ電話がかかってきてしまったり、細かな質問が何度もくる。聞きたかった回答とは全く違う回答が返ってきてしまい、ムダなやり取りが続いてしまう。このような場合、相手に対して「なんでラリーが止まらないんだよ！」とイライラしてしまっては本末転倒です。

そこで、相手とのコミュニケーションがオープンクエスチョンになっていないかを意識してください。オープンクエスチョンとは、相手が自由に回答できる質問のことです。一般的には、回答が決まっていない問題や、広く意見を聞きたい場合に使用されます。

たとえば「チームが今後やるべきことは何ですか？」や「あなたの考えを教えてもらえますか？」などがオープンクエスチョンです。

相手が自由に回答を選択することができるため、考えをより深く掘り下げることができます。一方、誤解を避けて適切なアクションを迅速に取るべきコミュニケーションには不向きです。

オープンクエスチョンの逆がクローズドクエスチョンです。クローズドクエスチョンとは、限られた範囲の中から回答を選択する質問です。相手によって回答が異なったり、意図した質問と違う回答がきたりすることが避けられます。相手も限られた質問の中から回答を選択

できるので返事に悩むことがなくなります。

　普段の仕事を進める際にはクローズドクエスチョンが基本となります。そこでまずはクローズドクエスチョンの方程式を覚えてください。

クローズドクエスチョンの方程式

　オープンクエスチョン＋自分の考え＝クローズドクエスチョン

　相手に質問をするときには、オープンクエスチョンに自分の考えを足してクローズドクエスチョンに変化させてください。

クローズドクエスチョンを作る思考プロセス

　オープンクエスチョン（進め方のご意見いただけますでしょうか？）＋自分の考え（A案で進めるのが良いと思う）＝クローズドクエスチョン（A案で進めたいと考えておりますが、よろしいでしょうか？）」

　質問の方法を工夫して仕事のラリーを減らましょう！

これを ⟶ こうする！

(59) **メールの内容を確認するためにわざわざ電話**
　　→メールに次のアクションを書く
　　→クローズドクエスチョンに

あいまい言葉と手戻り作業

「コミュニケーション」のムダ

いい感じにお願い

MUDA POINT

㉖ 「なるはやで」「いい感じで」あいまいな仕事の指示

㉗ しょっちゅう起こる依頼した仕事の手戻り

「今日中に」と仕事を任せたのに終業時間になっても提出がない。「どうなった？」と連絡をすると「今日中と言われたので今から残業します！」と返事がきて大慌て。結局、自分で作業！　こんなことなら、最初から自分でやっておけば良かった……。

　上司から「なるはやで、いい感じに」の依頼。自分なりに「なるはやで、いい感じ」を提出するも「遅い、これじゃない」と不満を言われてしまう。何度も何度も相手の正解を探して資料のやりとりを繰り返す。

　依頼した・された仕事の成果が期待に合わずに、何度も何度もやり直しをするケースは今日もあちこちの職場で起こっています。
　この「作業の手戻り」が多くなればなるほど、依頼した側は「なんで、こんな簡単なこともできないんだ」とイライラし、依頼された側は「何が正解か分からない。提出するのがどんどん億劫になってくる」と気持ちのスレ違いがうまれます。いつの間にか両者の間に溝が生まれ、大きなストレスとなってしまいます。

「あいまい言葉と手戻り作業」は人間関係さえ壊してしまう恐いムダ作業なのです。

　ここで大切なのは、仕事を依頼されたらすぐに手を動かさないことです。短距離走では誰よりも先にスタートダッシュを切ることが重要ですが仕事は違います！　仕事を依頼されたら、何も考えずにスタートダッシュ。このクセを持っている人は注意してください。

「いい感じの企画書を作って」と言われたら突然パワポを開いたり、Googleに闇雲なキーワードを入れて情報を集めようと必死になってしまう人がいます。

コンピューターサイエンスで、GIGO（Garbage In, Garbage Out）という言葉が使われますが、これは「ゴミを入れればゴミが出てくる」という意味です。意図のない情報（データ）を集めて無理やり成果物を作ってもゴミのような成果しか出せないのです。

そこで、まずはじめにやることは仕事の骨組みを作ることです。仕事の依頼を明確にし、具体的な手順を決めることが大切なのです。ここではIPO（Input-Process-Output）のフレームワークが役立ちます。

仕事のIPOの流れ

仕事のIPO

Input（入力） Process（処理） Output（出力）

これは、どんな仕事にも共通する考え方なのですが業務はI（インプット）・P（プロセス）・O（アウトプット）の3要素から成り立っています。

Output（アウトプット）を作るのは、Input（インプット）とProcess（プロセス）です。それぞれの要素をしっかりとイメージできていないと

仕事は成り立ちません。

「どのような成果（アウトプット）を出すのか。そのために、何を入力（インプット）して、それをどのように処理（プロセス）するのか」

これをどんな場合も徹底的に考える必要があります。

まず、アウトプットである成果物を設定します。どんな仕事を始めるときでも、成果物（アウトプット）の設定が最も重要なポイントです。業務プロセスの考え方では、仕事相手に価値あるアウトプットを出すことが業務の使命と考えられています。

そこで、このステップをしっかりと定義できるかどうかに「手戻り作業」の撲滅がかかっています。そのためには、「誰のために」「なぜこの仕事をするのか」をしっかり確認しましょう。仕事の目的と届け先です。次に、「いつまでに」「何を作るか」をはっきりさせます。

例えば、「企画書を急いで作成して」と依頼があったとしましょう。目的、届け先、期限、形式を明確にします。

成果物（アウトプット）の整理

- ・届け先（誰のために？）→　上層部に
- ・目的（なぜこの仕事をするの？）→　新規事業の検討のため
- ・場所（どこで使うの？）→上層部の会議で
- ・期限（いつまでに？）→　来週までに
- ・形式（何を作るの？）→　企画書をPowerPointで

これらが明確になったら、どのような情報が必要なのか｜（インプッ

ト）、どのように進めれば良いのかP（プロセス）を考えられるため、情報収集の段階で必要な情報に焦点を当てることができます。

　たとえば、先ほど整理した成果物をもとに「上層部が新規事業を検討するためには、どのような情報があれば議論が活発になるのか」を徹底的に考え抜きます。そうすると「上層部の人たちなら自社の市場シェアの情報は少なくて良いな。逆に技術力の強みの情報は細かく整理した方が良いな！」などと、集める情報がどんどんクリアになっていきます。

　これで闇雲にネットの「海」に溺れて、役立たずな情報から目的に合わない成果物を作ってしまい「やり直し！」となることがぐんと減るでしょう。

　次に、P（プロセス）を作る際には、実際の進め方を脳内でシミュレーションします。このときにカレンダーも見ずに「6月末日まで」のようにあいまい期日を設定する方がいますが、それでは手戻り作業の闇から逃れることができません。

　まずはあいまい言葉を徹底的に省く強い気持ちを持ってください。手順を決めるときにはしっかりとカレンダーを見ながら行うことが基本です。

　成果物の内容によっては、上司に細かくチェックをしてもらうステップを入れる工夫で手戻り作業を減らすことができます。

【手戻りを減らすプロセス例】

・収集した情報をもとに企画書の骨子を作成（6月5日）

・上司に骨子をチェックしてもらう（6月5日から6月7日）

・骨子修正と企画書デザインの作成（6月7日から6月10日）

・企画書デザインと骨子を上司にチェックしてもらう（6月10日から6月12日）

これは、自分が人に仕事を依頼するときも同じです。IPOでしっかりとした骨組みを作って依頼した仕事は手戻りが少なくなります。

あいまい言葉のまま焦ってスタートダッシュを切らずにしっかりとIPOで仕事の骨組を作って計画的に走り切りましょう！

こ れ を ―――▷ こ う す る ！

⑥⓪ 「なるはやで」「いい感じで」あいまいな仕事の指示

⑥① しょっちゅう起こる依頼した仕事の手戻り

　　→IPOで仕事の骨組みをしっかり作る

本人に悪意がないことも……

察してちゃん

「コミュニケーション」のムダ

MUDA POINT

㉒ 「言わなくてもわかってよ」の強要

「言われる前に自分で考えろ」

「そんなこと言わなくてもわかってくれよ……」

「頑張っているんだから、察してくれよ」

　このように自分の考えを察して行動してくれることを求めてくる方がいます。

　偉い人の場合もあるし、同僚や部下、関連部署、外注先のアルバイトさんなど色々な立場で存在する「察してちゃん」。

　察してちゃんは本音を公にせず、自分の要望をはっきりと伝えません。その結果、伝えたいことが不明確になり職場では混乱が生じます。

　上司が察してちゃんの場合、部下は「あの人はこう考えているのではないか」と悩んでしまいます。大勢で集まって「こうも読み取れるんじゃない？」とか「いやいや、こういう意図だと思いますよ」と不毛な話し合いを続けてしまうのです。

　「察してちゃん」は何もしなければ怒りますし、やむを得ず行動してミスをしても怒ります。最悪の場合だと「私はそんなこと言ってないぞ！」「自分で勝手にやったことだろ！」と責任を押し付けられることもあるのでゾッとしますね。

　このような職場では、みんながお互いの顔色を窺うようなムダな探り合いが始まります。成果が出ないのにムダな作業がどんどん積み上がっていきますが、どうすることもできません。

　少し前の「工業時代」には「言わなくても察して動く」の文化が重要だったのも事実です。この時代は、同じ品質の製品を大量に出来るだけスピーディーにつくれるかが競争の基本でした。そのため、業務を

出来るだけ単純化・定型化して、一度習ってしまえば言われなくて誰もが同じように同じパターンで対応することができたのです。

そのため「言わなくても察して動け！」が通用したのです。1つの仕事をコツコツと続けてスキルを上げる人材育成スタイルに重きが置かれ「言われなくてもテキパキ動く」ことが仕事の出来る人の条件でした。

しかし、コンピューターの普及により時代が「知識社会」に変化するとともに、単純化・定型化された仕事は機械が担当するようになり、私たちの仕事はどんどん複雑化・高度化しています。みなさんも仕事がどんどん難しくなっていくのを実感しているのではないでしょうか。

このような状況で「察してくれよ！」のような、あいまい態度が横行すると仕事はさらに複雑になり混乱してしまいます。

察してちゃんによる、ムダ作業が発生してしまう原因として、実は説明や指示が苦手だったり、自分自身の考えをうまく把握できていない場合があります。

そこで、あいまいな依頼をされた場合には、察してちゃんに質問をしながら一つひとつ言語化しながら仕事を進めることが大切です。ここでも、IPO（130ページ参照）のフレームワークを活用してください。

また、逆手を取って「相手に求める行動」を教えてあげるのも一つです。ここで、知っておくと便利な仕事における行動の3パターンを説明します。

　仕事における行動パターンは「判断」「把握」「作業」のどれかに当てはまります。

【判断】

　なにかしらの意思決定をする。承認してもらうのはもちろんですが、相談しながら方針を固めたり、指示を出してもらうことも含まれます。

【把握】

　情報の伝達を意味します。認識を合わせたり、こちらの状況を把握しておいてもらうことも含まれます。

【作業】

　何かを手伝ってもらったり、誰かに何かを伝えてもらったりなど実際に動いてもらうことを指します。

　相手に期待する行動をこの中から1つ選んで伝えるコミュニケーションを取っていると、少しずつ関係性が変化していく瞬間が訪れます。

　テクニックを上手く活用して「察してちゃん」から主導権を取り返しましょう！

これを　⟶　こうする！

---

(62)「言わなくてもわかってよ」の強要
　　　→「IPO」で相手のやりたいことを整理してあげる
　　　→仕事の3パターンをもとにコミュニケーションを取る

何度も説明

「コミュニケーション」のムダ

MUDA POINT

㊶ 何度も繰り返される単純な質問

　Ａさんから「顧客ファイルはどこにありますか？」と質問をされる。ほぼ同時刻、Ｂさんから「あのぉ……この前使っていた顧客ファイルってどこにありますか？」と質問がくる。

「このサービス料金っていくらだっけ？」「あのファイルどこだっけ？」「契約書ってどのフォーマットだっけ？」上司はもちろん、他部署の方やアルバイト、外注先の方からも同じような質問がきて、一つひとつに答えているだけで時間がどんどん過ぎていき、ふと気付くと夕方。残業時間になり、やっと静まったオフィスで自分の仕事をする。

　このように質問しやすい環境を作れているのは本当に素晴らしいことです。だからこそ、仕事を丁寧に進めようとする方や、心理的安全性を大切にしている方ほど陥りやすいのが「何度も説明」のムダ作業です。このムダ作業は質問のしやすい方にどんどん集まってきます。

　納得感を醸成するためや教育要素を含む場合は別として、多くの「何度も説明」作業は、実質的に他人が自分でやるべき仕事を代わりにこなしているだけです。人によっては、同じ質問を何度も繰り返し聞いてくることもあります。

　この「何度も説明」作業に使われている時間は、端的に言えば「他人のための時間」です。自分のキャリアやスキル、成果に直接結びつかない質問が多いため、精神的に段々と辛くなってしまうのです。

　このような状況を改善するためには、質問を１か所にまとめて管理する質問箱（FAQ一覧）を作るのが大切です。基本的にある人からの質問

は、他の人も知りたいと思うことが多いからです。現在のメンバーには不要に思える質問でも、新たなメンバーが加わったときには質問箱（FAQ一覧）が役に立つことでしょう。チャットやメール、口頭で質問や回答が流れてしまうのはもったいないです。企業のウェブサイトにも「よくあるご質問（FAQ）」が掲載されているのと同じです。

まずは簡単な質問一覧表を作成し、初めのうちは自分でそれを埋めていくのも良いでしょう。頼める人がいれば、「今の質問は今後も役立つから質問箱（FAQ一覧）に書いておいてほしい」とお願いするのも一つの手です。これにより質問箱（FAQ一覧）へのアクセスが増え、わからないことがあると自ら調べる習慣がつくはずです。

情報が少しずつ溜まってきたら、似た内容をまとめてマニュアルを作成したり、部会などで周知するのも良いでしょう。

質問箱（FAQ一覧）の存在が広く知られるようになったら、急ぎではない質問については直接連絡を受けるのではなく質問箱（FAQ一覧）に入力してもらうようにしましょう。そして、回答する時間を朝と昼などのように決めておく運用も考えられます。

人によっては緊張しながら質問している場合もあります。質問箱（FAQ一覧）で情報を管理することで、質問する側もされる側も「何度も説明」のムダ作業から解放されるのです。

No	カテゴリ	進捗	起票者	更新日	質問内容	回答者・担当者	回答・対応方法	期限	確認対象資料
1	記入例	完了	○○様	2023/03/12	予定系の画面を印刷することはできますか?	▽▽	画面右上の縦3点リーダー「︙」をクリック→「印刷」をクリックすると印刷プレビューが開きます。表示幅を選択後に「印刷する」をクリックすれば印刷できます。		
2									

【運用方法の例】

①質問者の方は「質問者」に名前を書いて「更新日」「質問内容」を入力してください。

②「更新日」は質問者・回答者・担当者の全員が列を更新したら、常に最新に上書きしてください。

③更新日を簡単に入力する方法は、ぜひショートカットキーを試してください!

【Windows】Ctrl + :

【Mac】Cmd + ;

④月曜と水曜にチェックして回答いたします。

これを ⟶ こうする!

(63) 何度も繰り返される単純な質問
　　　→質問箱(FAQ一覧)を作って知識を蓄える

クローズド
コミュニケーション

あのさ……

MUDA POINT

(64) いちいちダイレクトメッセージで個別連絡

　全員がいるところで質問してくれたらいいのに、ダイレクトメッセージで「先程の件、よくわからないので教えてください」と個別で質問を送ってくる。

「業務改善プロジェクトの日程調整をお願いしたいです。部長は○月×日でOKの確認とれています」と個別で調整を進めてくる。

　クローズドコミュニケーションを好む方は、どこの組織にも一定数存在します。

　このような閉ざされたコミュニケーションは、ムダが発生しやすいです。たとえば6名を集めたプロジェクトの場合、個別に調整をしてしまうと単純に考えて6名分のやり取り（業務工程）が生まれます。

　また、みんながいるところで質問してくれれば、他にも聞きたい人がいるかもしれないのに、同じような質問を別の人から受けることになってしまい、「何度も説明作業」のムダを発生させてしまいます。

　さらに、クローズドコミュニケーションが多い組織では仕事量のムダだけではなく「裏で何を話されているのかわからない……」という不安感が生まれてしまいます。仕事量も増える上に疑心暗鬼な雰囲気に苦しくなってしまうのです。

　クローズドコミュニケーションを取る人の心理には「みんなの前で聞いたら馬鹿にされるのではないか」「無知だと思われるのではないか」「誰かに恥をかかせて仲間外れにされるのではないか」というような感情が隠れています。組織として心理的な安全性が保たれていない可能性が高いです。

　普段の関係性で心理的安全性を高めていくことは重要ですが、今日からでもすぐにできるチャットコミュニケーションでの心理的安全性

の高め方について説明します。

　それは、「誰のどんな投稿に対してもリアクションをする」ということです。心理的安全性のある関係性とは、組織で働く人と人が質のよい関係で結ばれている状態です。私の発言は批判されないんだという安心感が必要です。そのためには「あなたの話を聞いていますよ、あなたに興味がありますよ！」という姿勢が何よりも大切なのです。

　友人たちで集まって話しているときに「最近、料理にはまってるの」と言い始めた人がいたら「どんな料理作るの？」と質問したり、うんうんと相槌を打つはずです。チャットでのコミュニケーションが当たり前となった現代、コミュニケーションの基本は同じです。

　特に上司や偉い人からのリアクションは「否定されていないんだ」「見てくれているんだ」という安心感を生みます。
　実際、私がコンサルタントに入っていても心理的な安全性の高い組織では、たくさんのリアクションが飛び交い、誰かが反応してくれるという安心感が保たれています。

　一方で、マイナスなのは、チャットの中で持論を展開するようなディベート大会を繰り広げることです。
　「あのとき、こう言ってましたよね！」などと、相手の発言を引用しての反論は悲惨です。チャットのやり取りはテキストで残るので、それを引用したディベート大会は口頭で顔を見合わせてやる以上に心理的安全性を下げてしまいます。
　また、誰かが返信するだろうという気持ちから無視してしまうこと

も問題です。他の人の発言を無視することで全体の心理的安全性を下げてしまい、自分自身も発言しづらくなってしまいます。

　どうしてもコミュニケーションが活発にならない場合は、「お疲れさまですー！」などのように、文章を少し柔らかくすることで雰囲気を作ることができます。

「組織が甘えた雰囲気になってしまうのでは？」と不安になってしまう気持ちも理解できます。しかし、成果が出ていないのと柔らかな文章を使うのは別の話です。そのような言葉を使いながら成果を出している組織を実際見てきたので安心してください。クローズドコミュニケーションのムダで苦しんでいる場合、まずは誰もが思ったことを言える雰囲気作りをしてください。

【例】自分たちなりのリアクションを作って盛り上げる

> **ムダトリオ** 13:25
> 会社のムダ作業、100個の洗い出しですが、
> 明日13時に皆さまに展開できる予定です。
> よろしくお願い致します！
>
> 😊 45　🔥 14　DOㅁ 6　🎌 2　🔥 2　㊗ 14　🎌 3　🎌 5　連感 2　😊+

これを ⟶ こうする！

(64) いちいちダイレクトメールで個別連絡
　　→チャットでリアクションをする
　　→心理的安性を高める

スルー側にもワケがある！

未読スルーに
既読スルー

「コミュニケーション」のムダ

スルー

㉖ メールの返事が遅くて仕事が進まない

メールを送ったにもかかわらず待てど暮らせど連絡がこない。催促するのも気が引けるので放置。締め切りギリギリになり確認すると「メールだけじゃわかりません。メールを送ったらちゃんと電話で教えてもらわないと……」

送信者としてはメールを送っているんだから見てくれよ……メールした意味がないじゃないか。と思ってしまう経験は誰にでもあるはずです。

メールとは基本的に一方通行のコミュニケーションツールです。だからこそ、このように誰かがコミュニケーションのボールを抱えたまま返信が滞り埋もれてしまうリスクを抱えています。

また、送り相手がお客さんの場合「なんだか難しそうな内容だな。少しくらい後回しにしても大丈夫だろう」と、なっている場合もあります。

「送られたのに気付かなかったじゃないか！」と話す上司は1日に大量のメールを受け取っており、それらをすべて読むのは大変なのかもしれません。もしくは、メールの文章がわかりづらく、一度では理解できないために放置されているのかもしれません。

そこで、すぐに返信をもらうためには相手の脳を使わせない工夫が大切です。気軽に返信ができる状況をあえて仕込んで自分を楽にするのです。

まず、読まれやすいメールを書くために件名を工夫しましょう。パッと見て具体的に相手が求めている情報を反映させることがポイントです。

✕　悪い例
「件名：契約書について」

〇　良い例
「件名：【承認依頼】契約内容の修正箇所と進め方（○×商事）」

　このようにパッと見て相手に何を求めているのかがわかるように意識してください。

　このときにも、「相手に求める行動」の3パターンが役立ちます。メールの本文に書かれている内容を通して、送信者にどのように動いてもらいたいのか期待する行動をしっかりと考えます。

　何かしらの意思決定や、合意をもらうような【判断】を期待するのか。単に、今の状況を【把握】しておいてほしいのか。それとも、具体的になにかの作業を手伝ってもらったり、人を紹介してもらうなどの【作業】をお願いしたいのか。

　3つの行動パターンを基本にして考えを整理していくと、相手に読まれやすい件名をつけることができます（137ページ参照）。

　また、メールの内容を添付ファイルに頼るのもやめましょう。

　こちらもよくあるのですが、添付ファイルを開いて読み込んでもらえれば全部分かるのだからと、本文には何も書かず「詳細は添付ファイルをご確認ください」と済ませてしまう人がいます。これでは、受取手に添付ファイルを開く手間をかけてしまいます。

　このファイルをＰＰＡＰなどの機密文書扱いにしていたり、別ＵＲＬからのダウンロードにしている場合は更に大変です。一気に面倒くさく感じさせてしまい、他にも届いているライバルメールに先を越されてしまうかもしれません。

「なぜ、送り手がそこまでやらなければいけないのか」「それこそムダ作業じゃないのか」と思ってしまう気持も理解できます。ただ、このような１分にも満たない工夫をすることでメールの業務停滞（ボトルネック）が改善されて、仕事は一気に進みます。相手から仕事の主導権を奪って、仕事を自分でコントロールしていくのです。

　読ませる工夫として、メール本文に添付ファイルの要約を書くことが大切です。

✖ 悪い例
詳細は添付の契約書類をご確認ください。

⭘ 良い例
変更内容は第1項を○○に変更し、第2項を△△に変更。

詳細は添付ファイルをご確認ください。

これについて承認をいただきたいです。

クローズドクエスチョンも大切な要素の一つです。

相手が気軽に返信できるように「はい・いいえ」「ＡかＢか」「①か②か③か」など、相手に選択肢を与えます（126ページ参照）。

✕ 悪い例

オープンクエスチョン

「契約書をどのように変更しますか？」

⇒相手は詳細に説明しなければいけない。

○ 良い例

クローズドクエスチョン

・「契約内容の変更が必要と考えます。まずこの方向で進めて良いでしょうか？」

・「契約期間と契約金額の変更が必要だと考えますがよろしいですか？」

⇒相手は「はい・いいえ」で返信できる。

・「①契約期間 ②契約金額 ③請求方法のいずれかを変更する必要があると考えます。どちらにすればよろしいでしょうか？」

⇒相手は「①と②変更しておいて」のように選択できます。

これらの工夫をしても忙しい方はメールにすべて目を通せないことがあります。また、提案資料を提出している営業先などの場合は、そもそもメールを読み飛ばしている可能性もあります。

　このような場合は臨機応変に、電話やチャットなど複数のコミュニケーションツールを使い分けする工夫が必要です。

　質問の工夫と複数コミュニケーションツールを使い分けて「未読スルー・既読スルー」作業のムダを突破しましょう。

これを　⟶　こうする！

㉖⁶⁵ メールの返事が遅くて仕事が進まない
　　　→読まれやすい件名を意識する
　　　→添付資料に頼らない
　　　→クローズドクエスチョンを活用する
　　　→複数のツールを使い分ける

経緯の点検作業

「コミュニケーション」のムダ

MUDA POINT

---

66 情報の偏りによって起きる混乱

67 レポートラインを無視した連絡

　プロジェクトリーダーとして仕事を進めているＡさん。出社した日にメンバーのＢさんと会って立ち話。「Slackで話題に出ている件、パターン①で進めようと思っているんです」と話すと、Ｂさんは「わかりました」と答えてくれた。

　数時間後、Slackを開いてみると、先ほど話していたＢさんが「パターン①で予算とスケジュールを作成してください！」とアルバイトさんに指示出しをしている。しかも、アルバイトさんがすでに回答している。

　最終的な承認者である上司の確認はまだ終わっていない……。やばいなと思っていたところに上司から電話。

「Slackの件は何の話だ。何も聞いていないぞ！！！」

　本来であれば、プロジェクトリーダーであるＡさんが次のミーティングで上司から承認を得た後に、全員に指示を出す流れを想定していました。しかし、Ｂさんは話を聞いたという理由で悪気はなくアルバイトさんに説明を始めたのです。

　このように情報伝達のボタンが少し食い違っただけで、仕事が混乱し経緯説明に追われてしまうのは珍しいことではありません。経緯を理解するのは仕事を進める上で非常に重要です。ただし、経緯を説明する作業は過去の情報を再整理する「マイナスをゼロにする」作業にすぎません。リモートとリアルのハイブリットが進む現代ならではのムダ作業の一つです。

　このような「経緯の点検作業」のムダが積み重なると現場にいない人は自分抜きに話が進められていると誤解し疑心暗鬼が生まれます。また、一度混乱した状況に陥った人たちに事情を説明するのは更に大変な作業です。

そこで大切なポイントは、大きく2つあります。

　まず1つ目は「レポートライン」の認識を共有しておくことです。

　レポートラインとは、報告ラインのことを指します。組織内での情報の報告や連絡を行う際の、明確なパスのルートを示します。

「仕事のボールは受け取った瞬間にパスしなければいけない」

「ボールを抱え込んではいけない」

　この考え方は正しいのですが、ボールを投げる方向に統一感がなければ、仕事のボールがあちこちに転がってしまい、誰が拾うべきか、誰のものだったかがわからなくなります。

　現代ではメールやチャット、オンラインミーティング、対面、電話など、コミュニケーション手段が多く存在します。そのため、コミュニケーションの場所が散在し色々な場所にボールが転がっているような状況です。

　レポートラインが明確であると、組織内のコミュニケーションがスムーズになり、誰が何を担当し、どのように報告すべきかがはっきりします。これにより仕事の進捗が適切に流れ、意思決定が迅速になります。普段の仕事はもちろん、プロジェクトにおいても、情報伝達の道筋であるレポートラインを明確にし共有するようにしましょう。

　2つ目のポイントは、仕事の進行状況を常に共有することです。

　仕事のボールは最後まできっちりパスを出してください。

　たとえば、Slackで進行状況を共有しているとして、別コミュニティで一部のメンバーが作業を進行させていた場合は、その状況を他のメンバーにもSlackで共有してください。パスを出し切ることを意識す

ることが重要です。

【例】
ボールをパス
　プロジェクトについて、進め方をプロジェクトメンバーが参加するSlackチャンネルで上司に相談。
ボールをキャッチ
　別の会議で上司と会った際に意見を聞く。
「話したことを共有しておきますね」と上司に伝える。
ボールをパス
　席に戻ったらSlackチャンネルで「先ほど上司と話し、具体的にはこのように進めることになりました。何かご意見があればお知らせください」と報告。

　パスのルートを明確にしておくこと。ボールは最後までみんなにパスをすること。これらを意識することで「経緯の点検作業」のムダから解放されます。

これを ──→ こうする！

㊅ 情報の偏りによって起きる混乱
　→仕事の進行状況は全員いる場所で常に報告

㊆ レポートラインを無視した連絡
　→レポートラインを明文化して共有する

いるメンバー同じじゃん！

無限増殖する チャットルーム

「コミュニケーション」のムダ

MUDA POINT

㉨ Slack や LINE などグループが永遠に増えていく

㉩ どのチャンネルで何を話したのかわからなくなる

　現在、私たちの周りには数多くのチャットツールが存在しています。Slack、FBメッセンジャー、チャットワーク、LINEワークス、Microsoft Teams……パッと思いつくだけでも、これだけあります。さらにそれぞれの中にグループが存在するので大混乱です。

　複数のプロジェクトに関わっていたり、様々な組織とやり取りしていると、チャットが増え続け、気が付くと次々と鳴り響くチャット音。それに対応するだけで1日が終わってしまいます。

　自分はどこで何を話しているのか？　あの会話はどこでしたのか？　資料はどこでもらったのか？　チャット迷子になってしまうのです。

　まずやりたいのはコミュニケーション経路の整理です。

　そこで、ECRS（いくるす）の改善フレームワークを活用してみましょう。ECRS（いくるす）とは、「Eliminate（廃止）無くせないか」「Combine（結合）まとめられないか」「Rearrange（交換）順序を変えて効率化できないか」「Simplify（簡素化）もっと単純にできないか」の4つの頭文字を取ったもので、ムダな仕事をあぶり出して改善策を考えるときの思考整理を手伝ってくれます。

　まず、はE（廃止）です。「それぞれのチャンネルは何のために必要ですか？」「そのチャンネルがなくなるとどんな困ったことが起きますか？」ここで、不要なチャンネルはどんどん削除しましょう。基本的にチャットはアーカイブとして残せるので、削除しても後から読むことができます。

　次に、同じような内容のチャットグループは1つにまとめてみましょう。C（結合）です！　さらに、会話の内容やメンバーが適しているかを

考え、必要であればチャットグループの場所を変更しましょう。これがR（交換）。

　そして最後にS（簡素化）ですね。今のやり方を、もっとシンプルにする方法がないかを考えましょう。たとえば、毎朝プロジェクトの報告をチャットでしているなら報告する項目をフォーマットにしておいたり、「お疲れさまです。元山です」のように冒頭に入れている挨拶を減らす。メンションに並べる順番が、偉い人順だったのを気にしないようにする。このようにECRSを使って、チャットツールの改善をすることができます。

　チャットツールが効率化されスリムになったら、命名ガイドラインも設定してみましょう。チャット名の付け方に簡単なガイドラインを作っておくことで、必要なチャットが探しやすくなったり、どこで会話すれば良いのか迷うことがなくなります。新しく参加したメンバーでも、一目でどのチャットに参加すればいいのかがわかるようになります。

【命名ガイドラインの例】

・グループ名：team_○○○○○
　　意味:特定のチームに関連する業務や活動について話し合います。
　　付け方の例：team_事務処理
事務処理を行うメンバーが集まって話すことがわかります。

・グループ名：pj_○○○○○

意味:複数の部署をまたがって有期で集まっているときに使います。

付け方の例：pj_ 忘年会、pj_ 業務調査

・グループ名：help-_ ○○○○○

意味：他のチームや同じ部署からの質問や回答などに使います。

付け方：help-_ システム

・グループ名：announce-_ ○○○○○

意味：知っておくべき内容を共有する場所です。

付け方：announce-_ 業務マニュアル、announce-_ 新機能

　このように命名ガイドラインを作って、定期的に更新や共有することによってスムーズな処理ができるようになります。

　今後もチャットでのコミュニケーションは減ることはありません。チャットに振り回されず、上手に付き合いながら効率的なコミュニケーションを目指してみてください。

これを ⟶ こうする!

(68) SlackやLINEなどグループが永遠に増えていく
→ ECRSでグループを整理する

(69) どのチャンネルで何を話したのかわからなくなる
→ 命名ガイドラインを作る

出社するだけ損……？

おつかい内勤

「コミュニケーション」のムダ

なんで私が……!!

MUDA POINT

---

(70) 社外の人から無限に依頼される伝言・メモ

(71) リモートワーカーのための資料送付

テレワークが基本となったことにより、出社し内勤をしている方達の余計な負担が増えているケースがあります。

「資料を郵送してほしいとか」「社内でしか見れないフォルダの中を見てほしい」というように、外出先のメンバーから、自分と関係ある仕事はもちろん、全く関係のない仕事を頼まれたりすることも……。

また、お客様から外出中の担当者に電話かかってくると担当者を探して転送することになり、今まで以上に「おつかい内勤」という損な役回りをする人たちが増えています。

実はこれ、内勤者はもちろん苦しいのですが、頼んでいる方も苦しくなっている可能性があります。「あれお願い。これをお願い」と気楽に頼んでいるつもりかもしれませんが、その人たちに嫌われてしまっては仕事が進まないため、なぜか目に見えない上下関係が生まれてしまいます。

外出先からお土産を買って行きご機嫌を取ったり、嫌われてしまうと社内資料にアクセスができない、仕事が思い通りに進まないということも起こっています。無理なお願いばかりされて、外出している人にイライラしたり、逆にご機嫌を窺いながら社内の人に依頼するというのは両者にとって苦しいのです。

まずは「おつかい内勤」業務によるムダ発生を抑える努力が必要です。

このようなことが起こっている大きな原因の1つは誰でもどこでも、いつでも、情報にアクセスできる状態が作れてないからということがあります。「半」デジタルのムダ（88ページ参照）でも話をしましたが、それと紐づいています。

社内にいないと入力できないようなファイルやシステムの場合には、内勤者にお願いする必要がありますが、誰でも、どこでも、いつでも入力することができれば、わざわざ入力のお願いをする必要がなくなります。

または電話を取り次ぐ仕事のうち、定型化できるものは電話取次サービスを利用するのも1つの手です。
「おつかい内勤」業務を減らすことで、気持ちの良い組織を作っていきましょう！

これを ⟶ こうする！

(70) **社外の人から無限に依頼される伝言・メモ**
　　→電話取次サービスを検討する

(71) **リモートワーカーのための資料送付**
　　→社内セキュリティ見直しやクラウドシステムを活用する

「会議」のムダ

リスケ天国

「会議」のムダ

MUDA POINT

---

72 すれ違い続ける日程調整

73 人数追加によるリスケの嵐

　会議の日程調整。毎回カレンダーを見ながらメールや調整さんアプリで候補日を出していく。

　しかし「その日は無理」とか「もう少し先がいいかな」といつも誰かが空いていない。とうとう日程が決まったと思ったら、上司が「あ、そうだ。佐藤さんも呼んでくれ」の一言。そして再調整。

「空いている日を教えて」と上司に言われたので、候補日をメールすると「すべて無理」……。だったら、そっちの予定を先に教えてくれよ！

　オンライン会議が当たり前になった現代、日程調整の作業はひと昔前よりも増えており、調整で1日が終わってしまう日もあります。「日程調整ばかりしているんだよ」とそれ自体が仕事になってしまっている人さえいます。

　そこで「日程調整はしない」を基本にするのをおすすめしたいです。

　社内であれば全員にカレンダーを共有しましょう。これにより、お互いの空いている予定が一目でわかります。

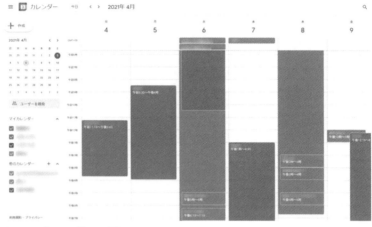

Googleカレンダーの例。

　これと同じようなことを社外の人とやりたい場合には、自分のカレンダーと連携して自動で候補日を出してくれるアプリもおすすめです。アイテマス（https://aitemasu.me/）やTocaly(https://tocaly.com/ja)などが現時点では完全無料で使いやすいのでおすすめです。

　最近ではチャットを活用する企業も増えていますが、その場合にはリアクションを上手く活用するのもスムーズです。
　令和版の日程調整で「リスケ天国」のムダ作業から脱出しましょう。

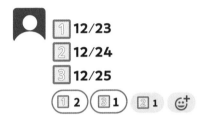

Slackの例。それぞれのスタンプで日程希望日がわかります。

これを　──→　こうする！

(72) すれ違い続ける日程調整

(73) 人数追加によるリスケの嵐
　　　→社内の人とはカレンダー共有
　　　→社外の人とはカレンダーアプリを活用
　　　→チャットツールのスタンプで希望日を調整

会議のための会議

「会議」のムダ

MUDA POINT

---

74 会議の前の予行練習

75 事前の根回しやネゴシエーション

　重役会議が予定されているとき、当日の会議資料を入念に準備するのはもちろんですが、それ以外にも会議進行の台本まで作成する。そして、重役たちの前で恥をかかないようにと、上司が参加者を集めて開催日に向けて発言や質問の順番が台本どおりなのかを何度もチェック。少しでも上司のイメージと違うとやり直し。

「会議前のリハーサルの方が、本番の何倍もの時間とエネルギーを使うんです」業務コンサルで入った現場から聞いた言葉です。
　実際、重役たちに話を聞いてみると、当の本人たちはリハーサルが行われていることは全く知らず「多少の言い間違えや資料の誤字脱字レベルは気にもしていなかった」というのは珍しい話ではありません。

　ここで大切なのは会議のゴールです。会議室を出るときには、どのような状態になっているのが理想なのかを常に考える必要があります。

　たとえば、重役会議では既に決まっている内容を周知するのが基本で、参加者の納得感を醸成させた状態になっているのが理想だとすれば、一言一句間違えずに資料を読むリハーサルに時間を使う必要はありません。それを強要する組織文化があるとしたら、それ自体が問題と言えるでしょう。

「明日の会議ですが、あれは部長が力を入れてるプロジェクトなので自分の意見で場を壊すのはやめてください」と議論を避けるような非生産的な根回し。

「部長！　相談なんですが、来週の定例でＡ君から改善案が出てるん

ですが、実はあれで進めちゃうと現場で問題が起こっちゃうんです。そもそもＡ君の態度に困っている人も多いんです……」と権力のある人にごまをすり「社内政治は大事だから」と１日中そんなことにばかり時間を使っている人。

　限られた人たちだけでこっそりと話して「やらせ会議」の作戦を立てたり、決定者に事前にごまをすり「利己的会議」の準備をする。このように、なにかしらの物事を進めるときに、事前に関係者の了承を得たり意識を合わせることを「根回し」と言います。

　根回しばかりをして仕事をした気になっていると結局は自分が寝首をかかれることになりかねません。そして、それを続けていると、疑心暗鬼に陥ってしまい、結果的に成果が出づらくなってしまうのです。

　ここで、誤解してほしくないのですが「根回し」がダメなわけではありません。実は、根回しには２つの種類があります。これまで例にあげてきたのは、利己的な視点で職場にムダを生んでしまう「ネガティブ根回し」です。本来、根回しとは物事を円滑に進めたり、意見を活性化させるために使うものです。ムダ作業を生まないための事前コミュニケーションなのです。

　もし、あなたが今まで「ネガティブ根回し」に時間を使っていたのなら、その能力を「ポジティブ根回し」に使ってください。

「明日の会議、どういうところがネックになると思いますか？　部長は前向きだから進める方針なんですが、率直にリスクをしっかり検討してほしいんです」

「来週の定例でＡ君が議題をあげてくれます。定量データを出すように依頼していますが、Ａ君に対しては現場からの反発が起きやすく議論が混乱する可能性があります。組織方針の共有をお願いします」

同じような根回しでもよりよい結論を出すための「ポジティブ根回し」であれば生産的なコミュニケーションが生まれて仕事はもっと楽しくなります。

本来、会議室の外でのコミュニケーションはもっと活発に行われて良いのです。そのときはぜひポジティブ根回しで！

これを ⟶ こうする！

(74) **会議の前の予行練習**
　　→ゴール目線で会議を設定する

(75) **事前の根回しやネゴシエーション**
　　→ポジティブ根回しで変革させる

とりあえず会議

MUST!

MUDA POINT

---

76 発言しない人ばかりの会議

77 とりあえず設定する定例会議

78 とりあえず全員参加

とりあえず全員参加、とりあえず定例会議……。

やたら人数が多いにもかかわらず、参加してみると発言するのは1人か2人。これはどこの会社にも当てはまる会議あるあるです。

会議にもコストがかかっています。時給1,000円の人が10人集まって1時間の会議をすると、その会議は1万円です。その上大勢が参加する会議は話が発散しやすくまとまりがつきづらくなります。

そこで、会議を開催すると決まったら「誰に声かける？」と参加者を先に決めるのではなく、会議のゴールをしっかりと言語化する必要があります。会議がはじまって、会議室を出る時には参加者がどのような状態になっているのが理想なのかを考え抜くのです。

会議のゴールは大きく分けて4つにわけられます。

①意思決定する

明確な目的に沿って参加者で議論をして、次にどう進めるかを決めて「これでいこう」と合意ができた状態で会議室から参加します。複数ある選択肢の中から取捨選択する「収束」作業です。

②アイデアを出す

議題となるテーマに対して参加者から自由な意見やアイデアを出してもらう会議。意思決定が「収束」作業だとすると、アイデア出しは選択肢を増やす「発散」作業です。

③情報共有する

すでに決まったことを周知させ、メンバーに共有する会議。決まったことについてメンバーの中に納得感を醸成させることを目的とした作業になります。

④交流を深める

参加者が議論やコミュニケーションを通して相互を理解し合う会議です。オフサイトミーティングや1on1などが目的の一部として使われることがあります。

開催する会議のゴールを定めたら、誰を呼べば必要な議論ができるのかを考えます。多すぎても少なすぎても会議はうまくいきません。

このときに「なんとなく声をかけておいたほうが安心かな」というくらいの人は基本的にいなくても大丈夫なケースが多いです。その場合には、任意参加者として「こういう会議を行うことを知っておいてくださいね。参加はお任せします」と必須参加者と分けて考えることも大切です。

そして偉い人にとっては耳が痛いかもしれませんが、定例会を含むムダな会議が多い原因の1つに「会議好きの上司がいる」ことが挙げられます。

何でもかんでも情報を知っておきたい「仲間外れがイヤな上司」や、とにかく興味本位で何でも聞きたがる「これなんなの上司」。それほど重要でもないのに「ちょっと話を聞かせてほしいので、マネジャー全員集めて」というわけのわからない会議がスケジュールを埋め尽

くしていきます。

どうしても部下の話が聞きたいなら1 on 1などで参加者と時間を限定するなど会議を自制しなければいけません。

自分が部下の場合には、しっかりと成果を出す会議をしたい熱意とセットで「今回の会議の目的を教えていただけませんか？」どんなアウトプットを出す努力ができるのか素直に聞いてみるようにしてください。

会議のゴールを意識して「とりあえず会議」を極力減らしましょう！

これを ⟶ こうする！

(76) **発言しない人ばかりの会議**

(77) **とりあえず設定する定例会議**
　　→会議のゴール4つに絞り込んで、会議を減らす

(78) **とりあえず全員参加**
　　→任意参加者を設定する

終わらない
事前共有

MUDA POINT

---

⑲ 事前共有した内容の繰り返し

㉘ 説明を遮る的外れな質問たち

　事前共有しているはずの話が延々と続く……。

　事前説明が長すぎて、一切議論に進めないまま会議終了、もしくは延長戦に。

　会議の冒頭、資料作成者が説明をしている最中、全体を全く理解していない偉い人が何かの言葉に引っ掛かり「ちょっと待って」と説明を遮り質問。

　質問した内容の答えに当たる部分が後に出てくることも多く、質問している人は資料を読まずに参加していたり、大した理解がない状態だったりするために話を止めてでも質問をしてきます。

　会議が進まないのはもちろんですが、全体把握する前の質問のために的外れな場合も多くなり、質問している側も理解が深まらずにストレスになってしまいます。

　このような場合、そもそも会議設計が不十分なために適切な事前共有ができていない可能性があります。とにかく会議を設定する際にも、業務の基本要素であるIPOのフレームワークを活用してください（130ページ参照）。

O（アウトプット）

　まず、会議の目的は？　アウトプットは何かを想定します。　①意思決定する。②アイデアを出す。③情報共有する。④交流を深める。どれに当てはまるのかをしっかりと考えるのです。

I（インプット）

　そのイメージがハッキリしたら、だれ に声をかけて、事前に何を準備して、どこで開催するのかインプットを考えます。ここで、事前にどのような情報を誰に共有しておけば当日の会議で成果が出せるのかイメージが湧くはずです。それを基に、事前に把握しておいてほしいポイントなどを参加者に伝えておきます。

P（プロセス）

　そして、最後にどのような時間配分で会議を進めるのか、プロセスを考えます。

　このように、会議開催前にしっかりとイメージトレーニングをしておいたり、事前に質問をしそうな人を想定して、必要な情報を事前に共有しておいたり、根回しとして別で簡単なコミュニケーションを取っておくようにします。

　とはいえ、事前に会議資料を準備して共有して各自で読み込んでもらうようにお願いしたり、根回しなどのコミュニケーションを実施しても、時間がなかったり、社外の人や偉い人の集まる会議などでは難しい場合もあります。

　Amazonでは、会議資料が会議前もしくは会議時に配布されるのですが、参加者は前もってそれを読み込んでくることは期待されておらず会議の冒頭5分から15分程度で各自が黙読をして、その場で内容を把握できるようにしているのです。

　だからこそ、会議資料では「PowerPoint」や「箇条書き」を禁止して文章形式で書くように義務付けられています。これは誰が読んでもその場ですぐに理解できることが重要だからです。

　ここまで徹底できなくても、会議資料がある場合にはまず時間をしっかりと決めて資料説明を最後まで聞く。質問は最後にまとめて聞くようにしましょう。これだけでも「終わらない事前共有」のムダを減らせます。

これを ⟶ こうする！

(79) 事前共有した内容の繰り返し
　　→IPOで会議設計して事前共有

(80) 説明を遮る的外れな質問たち
　　→資料説明は最後まで聞く

ラジオミーティング

「会議」のムダ

ふーん……

MUDA POINT

---

(81) 聞き流しているだけのオンラインミーティング

とにかく「耳だけ」参加する会議があります。

配布された資料にパッと目を通した後はひたすらメールを捌いたり、資料作りに精を出す。もちろん発言も質問もなし！　聞き流しているだけの「ラジオミーティング」。人によっては、パソコンとスマホを併用して同じ時間にふたつの会議に参加し、そのうえ内職もこなしています。ここまでくると、聞き流しさえ出来ていないのですが、本人はいたってマジメな表情で「忙しくて仕方ないんですよ」と嘆いています。

これでは、会議の内容は全く理解できません。かといって、作業に集中できるかというと、音声や画像が意識に入って来たり、もしかしたら当てられるかもしれない緊張感もあるため、中途半端になってしまいます。

このような会議を良しとしてしまうと、カレンダーはすぐにパンパンになり、ゆっくりと集中する時間は低下。ふと気付くと本当に大切な仕事が後回しになってしまいます。

そこで、会議の4種類を基に「ラジオミーティング」が開催される目的を考えると、多くの場合が情報共有の会議（174ページ参照）にあてはまります。

もう少し詳しく説明すると、情報共有と言えば聞こえは良いですが、たとえば「新しい業務ルールができました」「新しい部署が開設されます」「プロジェクトの次の手順です」のように既に決まった情報を伝達するだけの会議となっているケースが多いのです。内容が複雑で、教育や研修的な説明が必要だったり、参加者に納得感を得てもらうために、細かなニュアンスを伝える必要がある場合には会議を開催す

る意義はありますが、聞き流しても問題ない人が多い場合には、会議のやり方を疑う必要があります。

　ここで、まず知っておいていただきたいのは現代の情報量の多さと情報変化のスピードの速さです。テクノロジーが発達したことにより、ひと昔前なら偉い人から教えてもらわないと知ることのできなかった情報もタイムリーに取得できるようになっています。わざわざ情報を伝達をするためにみんなを集めて会議を開かなくても、メールやチャットを使えば適切なタイミングで適切なメンバーに情報を伝えることができるようになったのです。

　そこで、情報を伝達するだけの会議は既に役目を終えていたり、別のコミュニケーション方法に置き換えられる可能性があります。

　このように書くと、

「みんなわかってて内職してるんです。でも会議を減らしてしまうとそれこそ一体感が無くなる。コミュニケーションを取る機会にもなっているんです」

　そんな悲痛な声が聞こえてきそうです。私自身も会社経営やプロジェクトマネジメントを通して、その気持ちが痛いほどわかります。

　ただ、聞き流すだけの「ラジオミーティング」で一体感が出ているケースを私は見たことがありません。多くの場合は『間違いなく『説明は』しました」という安心が欲しいだけになっています。

本来、情報共有の会議を行う目的は「既に決まった事柄を関係者に伝達する」ではありません。決まったことを理解してもらい、メンバーの中に納得感を醸成させた状態で会議室を出てもらうのがアウトプットです。

簡単な社内ルールの変更ならばメールやチャットで済むため、そもそも会議を開催する必要もありません。

ただ、組織内でのコミュニケーション回数が減ることは好ましいことではありません。その場合は、会議の4種類でいうところの「④交流を深める」がゴールです。既に会議のゴールが違っているため、多くのメンバーを集める一方的なコミュニケーションである「ラジオミーティング」を開催したところで何も解決されません。

そこで、出来るだけ人数を絞って具体的な話ができるようにしたり、上司と部下の1on1に切り替えて30分程度の会議を多く重ねたほうがコミュニケーションの密度は上がります。

情報を伝達するだけの会議はデジタルの力を借りてできるだけ減らして、新しい時代の会議を作っていきましょう！

これを ⟶ こうする！

(81) 聞き流しているだけのオンラインミーティング
→情報伝達はITソリューションで対応

読まれない議事録

「会議」のムダ

作ったのに……

MUDA POINT

---

82 作って満足する、誰も見返さない議事録

83 議事録の内容確認メールの応酬

　会議の終わりに「欠席者のために今回の内容をまとめておいてください」と頼まれたり、ちょっとした打ち合わせ後「まとめて提出してください」なんて言われることがあるかと思います。

　こんな場合は、当然そのあと自分の席に戻って作業をする必要があります。その後、議事録が完成したらメールに添付して関係者に内容を確認してもらいます。このときに「ちょっと、あれも追記しておいてください」「議事録に書かれているタスクは完了してます」なんて言われて議事録を修正。何日もかけて完成した議事録は会議の1週間後。

　結果、誰も見もしない議事録がこっそり溜まっていく。このような会議の場合、そもそも参加者は議事録への期待が低いので各自でメモを取っています。そして、会議が終わると自分で取ったメモを頼りにバラバラと仕事を始めるため、意図がズレていることに気付かずに二度手間になってしまうこともあります。

　このように「議事録作成」自体が仕事になってしまうと、自分だけではなく仕事全体にムダが発生して苦しくなってしまいます。

　そこで、GoogleやMicrosoftが提供しているクラウドソフトを使うと、会議中に「その場かぎり」で議事録作成を終えることができます。

　それでは、クラウドソフトを導入すれば「読まれない議事録」のムダ作業がなくなるのかというと、そんな単純な話ではありません。何度も繰り返し説明しているように、ITソリューションはあくまでも道具です。魔法の杖ではないので、それを導入したらかと言って問題は解

決しません。

業務のやり方自体を変化させる必要があります。

そこで、今までのように、会議が始まってから議事録を作成したり、会議中にメモだけして会議終了後に議事録を作成するのはやめて、議事録作成は会議の前を意識してください。「そんなことできるのか?」と思ってしまいますが、これもIPOを意識した会議設計がクセづいていれば、当日の会議イメージがしっかりと湧くので難なくこなせるようになります。

議事録には色々なフォーマットがありますが、一般的には次の項目を入れるようにしましょう。

【日時・参加者・場所】

【本日のゴール】

例：顧客管理システムの問題点を出し合う

ここには、IPOのO(アウトプット)を書きましょう。会議室を出るときに、どのような状態になっているのが理想なのかを考えます。この時にも、あいまい言葉を避ける意識をしてください。「〜について」や「〜の件」などという書き方は、人によって捉え方が変わってしまうため、ボンヤリと話して終わってしまう可能性があります。

【議題】

例：顧客管理システムの状況について(〇分)

　　解決案のアイデアだし(〇分)

今後の進め方について（〇分）
まとめ（〇分）

ここには、IPO の P（プロセス）を書き出します。

【決定事項・未決定事項】
【次回までのアクション】

　ここまでを、会議前にクラウドファイルに議事録として作成して、参加者に共有しておきます。会議がはじまったら、全員で同時に書き込んでいき、会議中に議事録を完成。決定事項・未決定事項・次にやること……などを、会議の最後にみんなで確認して終了です。意図が違えばその場で書き直せば良いのです。

　また、議論が発散して収集がつかなくなりそうなときや、全く違う方向に進みそうになったときにも最新の議事録を全員で見れるので会議の進むべき方向を確認できます。このように対面会議のホワイトボードのような役割も担ってくれるのです。

これを ⟶ こうする！

---

(82) **作って満足する、誰も見返さない議事録**

(83) **議事録の内容確認メールの応酬**
　　→クラウドソフトで議事録を共同編集

増え続ける会議が止まらない……

オンライン会議のハシゴ

「会議」のムダ

MUDA POINT

84 細分化され増え続ける会議

85 会議のハシゴで議論内容を忘却

　オンライン会議中、次の予定が入っているのに気付き「先に抜けます！」とチャットを入れつつ、次のオンライン会議へ。

　このように「オンライン会議のハシゴ」を繰り返し、会議疲れで何もメモを取れていない。カレンダーを見ると、トイレや昼休憩を取る暇さえなく会議のスケジュールがびっしり詰まっている。

　これは、気軽にオンライン会議が開催できるようになったのが原因のひとつです。ひと昔前と違い、会議の数は各段に増えています。そもそも、開催する必要がない会議だったり、自分が参加しなくても良かったり、1時間も必要なかったりする会議が職場のあらゆるところで発生しています。

　結果的に、一日中ミーティングをしていたはずなのに、結局何を議論したのか忘れてしまうなんてことも発生しています。

　まずは「オンライン会議のハシゴ」を発生させるほどに、増え続けている会議そのものを見直す必要があります。ここでも、改善のフレームワークである「ECRS（いくるす）」を活用しましょう。

「E」liminate（廃止）

　まず最初にやるべきなのは、Eの「無くせないか？」です。
「なんとなくやろうとしたけど、何のために開催するのだっけ？」
「定例会をやめたら、どんな困ったことが起こるのだろう？」
「メンバー全員が参加する必要あるのかな？」

このような問いを投げかけます。これにより、なんとなく開催しているけれどやめても良い会議や参加する必要のなかったメンバーの負担を無くせます。

「C」ombine（結合）／「R」earrange（交換）

Cの「まとめられないか？」と、R「順序を変えて効率化できないか」を同時に考えていきます。

「個別で行っていた、部長会議と課長会議を一緒にできないのか？」
「週次と月次で実施していた会議を1回にまとめられないか？」

似たような会議を1つにまとめられないのかを考えます。

同時に、
「社長の挨拶を、最後の締めで短く収められないか？」
など、当たり前になっていた議題の順序を変えられないのかも併せて検討してみてください。

「S」implify（簡素化）

最後にSの「もっと簡単にできないか？」です。

Zoomなどを使ってオンライン会議に変更したり、テープ起こしで作っていた議事録を自動テキスト変換のシステムを使ったり、議事録に書く内容をポイントだけに絞ったりなど、とにかく作業を単純にする方法を考えます。

ECRS は会議の見直しだけではなくすべてに使える改善のフレームワークです。まずは改善結果のわかりやすい会議から試してみましょう。

これを ⟶ こうする!

実行されない会議

「会議」のムダ

じゃあ
そんな感じで

MUDA POINT

---

(86) 実行する気のないアイデア

とにかく集まるだけ。

その場では、それなりに議論を交わしたり、次にやることも出し合ったはずなのに、日々の仕事に何も変化が起きない。

このように「開催されることが目的」となり、何も実行されないままの会議は数多く存在します。集まって会議をし、満足して何となく仕事をした気になってしまうのです。

実はこの手の会議は、具体的に物事が進まないので失敗もありませんし、普段の仕事に変化が起きるわけではないので楽といえば楽なのです。アイデアを出し合って、絵に描いた餅を眺めていれば傷つくこともありません。

しかし「実行されない会議」が多い職場では日々の問題は解決されませんし、新しいアイデアが実行されることもありません。結果的に、このような職場では仕事の成果が上がるはずもありません。そして、成果が出ない職場にいると、そこで働くメンバーのモチベーションはどんどん下がっていきます。

私たちはモチベーションが上がるから成果を出せるのではなく、成果が出続けるからモチベーションが上がるのです。

だからこそ、仕事をした気になれる「実行されない会議」は、どんどん私たちを苦しめていきます。

そこで、絵に描いた餅を、実際に食べられる餅に具体化して、その餅を作るまでの手順を具体的な行動に落とし込む必要があります。

アイデアを行動レベルに落とし込み、担当者と期限を設定して、しっかりと進行状況を確認することで、日々の行動に変化を起こしてください。

そこで、アイデアが出た時には、フワッと会話だけで終わらせるのではなく、議事録やアイデア一覧表を作って、絵にかいた餅でもなんでもどんどん書き込んでいきましょう。誰もが目に見える形で残していくのが大切です。

ある程度、議論が発散してアイデアが出尽くしたところからが勝負です！　もう一歩踏み込んで、メンバーが具体的にどのような行動をすれば良いのか、全員でイメージを合わせていきましょう。そこで、アイデアを行動に落とし込み、見える化するための３つのWをご紹介します。

３つのW

・What（何を）

・Who（だれが）

・When（いつまでに）

今後やるべきアイデアがいくつか出てきた場合には議事録だけでは管理しきれないので、別に行動リストを作るのをおすすめします。

No.	施策	開始日	終了日	[illegible]	[illegible]	[illegible]	実行フェーズ	備考
1	分散したマニュアルを一元化する	6月13日	7月30日	◎	○		進行中	
2	チャットツールを導入してコミュニケーション頻度を高める	6月13日	6月15日			◎	進行中	まずは、情報システム部に確認をする
3	学生バイトを入れて単純業務を任せる	―	―				保留・取下げ	まずは業務改善を実施してから検討
4	スキルマップを作成して、チームメンバーのスキルを明確にする	8月1日	9月30日	○	◎		未着手	
5	営業部との定例会をなくして、朝礼に参加して簡易報告を実施する。	6月13日	6月15日			◎	完了	営業部への確認を実施済(6/13)順番に朝礼会に参加
6	業務別に必要なスキルを分かるようにする。	8月1日	9月30日	○	◎		未着手	No.4のスキルマップとあわせて実施する
7	週報のレポートを廃止して、こまめな日報に変更する	6月13日	6月15日			◎	進行中	まずは部長への確認を実施する。

施策とスケジュールなどの行動リスト

これにより、アイデアは確実に実行され、成果があがりはじめると更に革新的なアイデアが湧いてくるという、好循環サイクルが生まれます。

これを ──→ こうする!

(86) 実行する気のないアイデア

→行動リストでアイデアをタスクに変換させる

決裁者なき会議

だれか
決めて……！

「会議」のムダ

MUDA POINT

㊧ 決める人がいない場所での議論

㊨ 決断力がない最終決定者

決める人がいない状態での議論ほどムダなものはありません。上司に聞かなければわからない。担当者に聞いてみないとわからない。

そのような状況にも関わらず、

「部長の意図はA案だと思う……」「前に進めたときは、そのやり方ではダメだったはず……」などと憶測で議論を進めても結果的に、「持ち帰って確認してもう一度開催しましょう」とすべてが水の泡。

「そもそも……」の一言で議論をふりだしに戻し、論点がずれ、いつまでも何も決めない会議。

「私はA案が良いと思います」

「A案も良いですが、それだと山田さんが困るかもしれません」

「そうすると、B案の方が良いかもしれません」

「そもそも、A案とB案とC案だけで良いのでしょうか?」

「もう一度、検討し直した方が良いかもしれないですね」

ここまで、長い間検討してきた内容をもとに、最終的な結論を出すために集まったはずが、みんなの意見を聞きすぎて、決められない理由を探し出して、結果的に再検討で話がまとまる。

このように、何かを決めるために集まったのに何も決まらないまま終わる会議が存在します。

「意思決定をする会議」の理想は、明確な目的に沿って必要な参加者がそろい、次に何をしたら良いのかを合意ができないと意味がありま

せん。そこで会議室を出るときに参加者がどのような状態になっているのか、しっかりとイメージを固めなければいけません。事前の会議設計が重要なのです。

ここでも業務の基本要素IPOのフレームワークが有効です（130ページ参照）。

まず最初に「○○について決めたい」「こんなアイデアがあるので、1つに絞りたい」と明確なゴールを設定して参加者に伝えます。そこでアウトプット（O）の景色が合っているのかを確認するのです。
ホワイトボードや議事録に大きく書いて議論が逸れそうになったら、何度でも景色合わせができる状態にしておくのも有効です。

次に、そのためにどのような事前情報が必要で、誰に声をかけたら良いのか、インプット（I）を考えます。ここで、最初に設定したアウトプット（O）が、しっかり達成できるメンバーに声をかけられているのかを意識してください。これにより、「上司や担当者がいないから再開催」というムダを減らすことができます。

そして、それらを使って当日はどのように議論を進めていくのかを徹底的にシュミレーションして、議題を作っていくのです。どのような内容を、何分くらいで話して、誰に意見をふれば良いのか、会議のプロセス（P）を考えます。

その上で、会議終了時には「What（何を）」「Who（だれが）」「When（いつ）」やるのかの3点が具体的になっていることが重要です。会議を

スムーズに進めようとするなら徹底したイメトレが必要になります。

とはいえ、完璧なイメトレをしたにもかかわらず「決まらない会議」が当たり前になっている職場では「決める」経験が少ないために、結論を出すのをウヤムヤにしてしまう可能性があります。

何かを決めるためには「これを行おう」「これはやめよう」「この進め方にしよう」「やり方を変えよう」という決断を下さなければいけません。

「うーん。こっちも良いけど、あっちも捨てがたい」と優柔不断な態度では物事は何も進みません。

決定を先送りにする組織は、決定の早い組織に比べると経験が少なく「失敗したらどうしよう」「どうせ上手くいかないんじゃないか」と悲観的になりがちです。

「私は失敗したことがない。ただ、1万通りの上手くいかない方法を見つけただけだ」と語ったエジソンの言葉は有名ですが、決断の先は「失敗」と「成功」の二手に分かれているわけではありません。「失敗」を積み重ねた先は「成功」へ続く一本道になっているのをイメージしてください。そのためにも、まずは「決定」するのが大切なのです。

ここで一つ知っておくべきことは、この「決められない」文化も過去の成功体験から企業に残る慣習のひとつなのです。

ひと昔前、日本が勝ち続けていた時代、製造業がビジネスの中心でした。その頃は、失敗が命取りだったのです。製品に不良品が混ざって

いたら信用問題に関わります。そこで、最初にしっかりと仕様を決めて、一度決めたらそれを永遠に続けるという考え方が当たり前になっていたのです。

しかし、パソコンが開発され、インターネットが普及してビジネスの中心が少しずつ変化しはじめました。現在では、ソフトウェア開発の世界にも変化が起きています。みなさんも、日々スマホのアプリを使っていると思いますが、最初リリースされた時には無かった便利な機能がどんどん追加されていきますよね？ 逆に使いづらい機能が減らされたりもしていきます。毎日のように何かしらのアプリを「アップデート」しているのではないでしょうか。このように「完成」という概念が曖昧になっています。

そこで、小さく始めて大きく育てるという考えを持ってください。やりながら、どんどん良くしていくためにも「決め」なければ何も育たないのです。

そこで、物事を少しでも前に進めるためのテクニックとして「決め方」を決めてください。
決まらない会議が長く続く場合は、決めるために必要なインプット（情報）が出揃っていなかったり、決めるためのプロセス（手順）が曖昧になっていることが多いです。

まずは決まっていない事柄を整理する必要があります。「現時点でわかっているのはここまでです。ここまでは決定として区切りましょう」と決定部分と未決定部分を明確にする必要があります。

その上で未決定事項に対しては「どのように『決める』かだけでも決定しませんか」と提案してください。

ここで「決め方」を決めるポイントは、When（いつまでに）Who（誰が）How（どのように）です。

決め方の例

「部長と課長がOKだと判断した時点で決定とする」

「売上が10％アップした時点で社長に承認をもらう」

「Aのタスクが完了した時点に顧客要望を聞いて決定する」

いつ、誰が、どのようなプロセスで行うのかを具体的にします。

一度の会議で決まらない場合でも「決め方」のプロセスを合意するテクニックを知っておくと「なにも決まらない」ムダ会議に苦しむことを減らすことができます。失敗はありません！ 決めることで、物事を一歩前に進める体験を積み重ねてください。

これを ⟶ こうする！

(87) **決める人がいない場所での議論**
　　→IPOのフレームワークで会議設計
　　→だれを呼ぶどう進めるのかを決める

(88) **決断力がない最終決定者**
　　→決まってない部分を区切って「決め方」を決める

ギスギスと忖度で誰も本音が出てこない……

マウント会議と
なあなあ会議

MUDA POINT

89 マウントばかりの会議

90 疎外を恐れて忖度ばかりの意見

意見を出し合って議論をすることを、勝ち負けの闘いのように捉えている会議が存在します。

知的な方々や競争心が強い方々が集まる職場に多く見られます。そのような場面では参加者に対して自己が優れていると自覚させる必要があるため、持論を披露しつつ謎マウンティングが始まります。

本音でざっくばらんに話す雰囲気はどこかへ消え、知らず知らずのうちに会議室はディベート大会のように変貌。会議が終わりに近づくと「言い負かしてやった」と、闘いを終えて満足そうにしている人さえ現れる。

このような会議に参加すると「この質問をすれば、単純なことすらわからないと馬鹿にされるのでは？」や「反対意見を言ったら評価が下がるのでは？」といった不安が頭をよぎります。

そして、このような「マウント会議」とは反対に、良い会議と誤解されているのが「なあなあ会議」です。付き合いの長い関係やなれ合いの組織では「自分の意見を言ったら相手を傷つけてしまうのではないか」「仲間外れにされてしまうのではないか」という思いから、つい相手の顔色をうかがってしまいます。これもマウント会議と同じく、本来の会議目的から大きくずれてしまいます。

このような心理的な安全性が欠如した会議は生産性を大きく下げてしまいます。

2012年にGoogleが生産性の高いチームを探るプロジェクト・アリストテレスを行ったところ、「チームメンバーが誰であるか」よりも「チ

ームがどのように協力しているか」が重要であることが明らかになりました。そして「心理的安全性の高いチーム」を形成することが重要だと結論付けました。「心理的安全性」とは組織内で自身の思考や感情を誰に対しても安心して発言できる状態を指します。会議でも、すべての人が自由に意見を述べられる「場」を作ることが重要です。

　そこで、会議に「チェックイン」の時間を設けることをおすすめします。「チェックイン」とは、会議が始まる前に5〜10分程度、参加者全員が互いの状態や感じていることを共有し、場の雰囲気を和ませるウォーミングアップの一種です。これはホテルや飛行機の手続きから名前がついており、ビジネスの世界でも「様子を確認する」という意味で使われます。

　具体的にはどのような話題でチェックインを行えば効果的なのでしょうか。

【チェックインの例】

「現在の気持ちでチェックイン」

「良かったことや驚いたことでチェックイン」

「趣味や関心でチェックイン」

「自己紹介でチェックイン」

　などがあります。これらのテーマは比較的カジュアルであり、参加者の現在の状態を理解しやすく、また会議の雰囲気を和ませる効果があります。ただし、いきなり「あなたの気持ちはどうですか？」と尋ねると答えにくいかもしれません。

　そこで、とある企業では気分を数値化して共有する手法を採用して

いました。

「今日の気分は100点です、今週は目標の受注が達成できたので」

「今週は花粉症がひどいので60点です」といった形で自己開示を進めます。効果的なチェックインを行うには、基本的には進行役を立てて、全員が発言できるように促しつつ、発言の順番を決めることが必要です。そして、参加者は発言者に対して、うなずきや拍手などのリアクションを行いましょう。

さらに、会議のグランドルールを設けることも1つの方法です。

【グランドルールの例】

「反対意見は個人への否定ではない」

「会議は拍手で始まり、拍手で終わる」

「発言は最後まで聞いて遮らない」

それぞれの職場に合ったグランドルールを設定しましょう。偉い人には言いにくいことや、ついつい忘れてしまうこともグランドルールとして会議の度に共有することで、少しずつ安心感が醸成されていきます。

これを ⟶ こうする！

(89) マウントばかりの会議

(90) 疎外を恐れて忖度ばかりの意見
→チェックインとグランドルールで、心理的安全性の高い「場」を作る

「組織」
のムダ

ムダに洗練された
ムダのないムダな資料

「組織」のムダ

MUDA POINT

(91) 丁寧すぎる社内向けの報告文書

(92) 内容よりこだわりの詰まったレイアウトやデザイン

　美しく彩られ、流行のピクトグラムをふんだんに使ったPowerPoint
の資料。「これって、何のために使うのかですか？」と聞くと「明日のオン
ライン社内会議のためです」と言われて内容を読んだものの、何を
言いたいのか全くわからない。見た目は美しいのに中身がない……。

　何かしらのトラブルが発生して作られた報告書。何ページにもわた
る資料を読み進めるも、いつになっても事態がよく理解できない……。
「以下の3点を対策とします」それっぽく箇条書きが並んでいるけれど
具体的な行動がよくわからない……。

　このように内容はよくわからないけれど見た目が美しかったり、ボ
リュームの多い「ハイクオリティな社内資料」作成のムダは実は多く
あります。

　PowerPointは図解やイラストを使って意味を説明するため、ビジュ
アル重視の資料になりやすいです。
　そのため「顧客満足度の向上につとめる」「生産性向上につなげる」
「効率化を実施する」など、あいまい言葉でお茶を濁してしまったり、
平凡な話がやけに立派に見えたりします。その資料をみたところで
「結局、成果物はなに？」「次は何をしたら良いの？」「だれがどのように
進めたら良いの？」という具体的なことは見えてこないのですが、洗
練されたビジュアルに圧倒されて、意味を「理解した気」にさせるので
す。
　さらに深刻なのが、「ムダに洗練された」資料作りは、本質に届いて
いないにも関わらず、相当な時間とエネルギーを使うため、作成した本
人も「理解した気」にさせてしまいます。

また、PowerPointは基本的にプレゼンとセットで使われるのが基本なため、プレゼンテーションが上手な人が説明すると「わかった気」にさせます。逆にプレゼンテーションが下手な人が説明するとわかりづらい資料だと言われたり、人によって理解が異なってしまうのです。

　「箇条書き」の文章も端的でわかりやすいように見えますが場面によっては、行間を想像させてしまうので使い方には注意が必要です。

　そこで「効率化を実施」なら、「5時間かかっている資料作成を来月までに3時間に短縮する」「資料骨子を作成して上司に確認する進め方を実施する」などのように、もう一歩突っ込んで考えなければいけません。

　また、PowerPointは作ってみると意外と楽しくて、色や流行のピクトグラムをネットで探したり、こだわり始めるとあっという間に時間が溶けてしまいます。パワポ職人になる前にやるべきことがあるのです。

　「今後のスケジュールを報告してください」と言われたときに、PowerPointを開いて美しいレーダーチャートを書き上げても「いつまでに誰が何をどのように進めるのか。成果物は何か」などが具体的になっていなければ全く意味がありません。このような場合にも、すぐに手を動かすのではなくIPOのフレームワークで仕事の骨子をしっかり作る必要があります（130ページ参照）。
　PowerPointのビジュアルでお茶を濁して、当日のプレゼンテーショ

ンでわかった感を演出したくなる気持ちもわかります。ただ、ここから逃げていては、いつまで経ってもあいまい仕事のムダに苦しんでしまいますし、自分自身の頭の整理も進みません。

また、職場によっては、ビジュアル重視を評価する風土がありますが、上司がきちんと内容重視で理解できる資料なのかを考え抜く必要があります。

内容が理解できていない上司や偉い人にかぎって、誤字脱字や言い回しの細かな粗がしを始めますが、こうなってくるとムダに洗練されているけれど、本質とは大きくずれた資料が山積みになります。

具体化するのは難しいですが、日々の練習を重ねることで仕事の解像度はどんどん上がっていきます。ぼやけていた世界が突然くっきりと見える瞬間を味わってください!

これを ⟶ こうする!

91 丁寧すぎる社内向けの報告文書

92 内容よりこだわりの詰まったレイアウトやデザイン
　　→あいまい言葉をやめて、仕事の解像度を上げる

書いて満足・
書かせて満足

「組織」のムダ

MUDA POINT

---

93 社長や管理職が見て満足するだけの報告書

94 なんとなく仕事した気になる部下

「仕事中に研修に行ったなら報告書を出してください」

「訪問に行くならしっかりと報告書を作ってください」

このように指示されて報告書を提出するも、全く音沙汰がない。実際見てもらえているかさえも謎。とにかく、上司が出させて満足するだけの報告書作成。

報告書を書かせると、上司は管理職として仕事をした気になるし、報告書を作っている部下も報告書という形あるものが残るので、仕事をした気になってしまいがちです。

このように「報告書作成」は、書く側も書かせる側もなんとなく仕事をした気にさせてしまうので注意が必要です。気軽に「報告書にまとめてくれ」とか「では報告書にまとめます」と言い出すと、仕事はどんどん膨らんでよくわからない報告資料がフォルダの中に溢れてしまいます。

そこで、ここでも IPO のフレームワーク（130ページ参照）を活用します。最初の成果物（アウトプット）を定義する段階で、本当に必要な報告書なのかが見えてくる場合もあります。「書いて満足・書かせて満足」のムダ作業から解放されましょう。

これを ⟶ こうする！

(93) 社長や管理職が見て満足するだけの報告書

(94) なんとなく仕事した気になる部下

→ IPO で報告書を再定義

問題は人ではなく仕組みにある!

キレる上司と
隠す部下

「組織」のムダ

MUDA POINT

---

95 ミスを責める文化と隠す習慣

96 収束したトラブルは振り返らない

　何かしらのミスが起こったときに犯人探しを始めて「なんでこうなったんだ」と罵声を浴びせる。人間というのは、感情や体調によって仕事にムラができるものなので、ミスを責めたところで物事は解決しません。

　それどころか、そのような職場では、自分がミスしたことを報告したり、わからないことが聞けなくなるため、さらにミスを誘発してしまいます。
　何かしらのミスが起きたときには問題の根本原因を探る必要があります。起こった問題に対して「なぜ」を繰り返しながら原因に辿り着いていくのです。

　ここで大切になるのが業務改善の基本「人を責めずに仕組みを疑え」の考え方です。原因を人に向けてはいつまでたっても問題は解決されません。仕組みに目を向けて「なぜ」を繰り返すことがポイントです。

　こちらは「なぜ」を人に向けた悪い例です。

事例：ある営業部門で、売上が目標に届かなかった月が続いていた。部門のマネージャーは、問題の原因を解明しようと決めた。

マネージャー：なぜ売上が目標に届かなかったのですか？
営業メンバー：営業メンバーのAさんが目標の半分しか達成していないからです。
マネージャー：なぜAさんは目標の半分なのですか？

営業メンバー：Aさんは顧客に対して十分なフォローアップをしていないからです。

マネージャー：なぜAさんは顧客に十分なフォローアップをしていないのですか？

営業メンバー：Aさんは出社時間がぎりぎりで、いつも余裕がないからです。

結論：Aさんを早く出社させて、もっと頑張らせましょう。

これでは、Aさんのモチベーションが下がっただけです。こちらは極端な例ですが、このように気合いや根性で売上目標が達成されるわけではありません。

そこで、焦点を「仕組み」に変えてなぜを繰り返してください。

マネージャー：なぜ売上が目標に届かなかったのですか？

営業メンバー：顧客からの問い合わせに十分な対応ができておらず、商談に進む機会が減っているからです。

マネージャー：なぜ顧客からの問い合わせに十分な対応ができていないのですか？

営業メンバー：営業メンバーが顧客の問い合わせに対応する時間が不足しているためです。

マネージャー：なぜ営業メンバーが対応する時間が不足しているのですか？

営業メンバー：営業メンバーは、内部の報告書作成やミーティングに多くの時間を割かざるを得なくなっており、これが顧

客対応時間を削っているからです。

マネージャー：なぜ営業メンバーは報告書作成やミーティングに多く
の時間を割かざるを得ないのですか？

営業メンバー：現行の業務プロセスや社内コミュニケーションの方法
が効率的でないためです。

結論：現状の業務を可視化して無駄なプロセスは改善しましょう。

　個々のメンバーの非効率ではなく、業務プロセスや社内コミュニケーション方法などの「仕組み」に焦点を向けることで具体的な改善策が見えてきます。

これを　⟶　こうする！

95 ミスを責める文化と隠す習慣

96 収束したトラブルは振り返らない
　→仕組みに向けて「なぜ」を繰り返す

やったら
やりっぱなし

「組織」のムダ

MUDA POINT

---

(97) 取り組むのは良いがそのあと持続しない

(98) 思いつきではじめたままで改善しない

　上司の思い付きでとった職場満足のアンケート。

　取ったら取りっぱなしでその後どうなったのかわからない。

「業務改善を始めるぞー」と言って業務の困ったことをインタビューされたにもかかわらず、「あれ？　あのときの意見ってどうなっていたんだろう」となる。

　このように新しいことを始めるのはとても大切なのですが、やったらやりっぱなしになるケースは数多くあります。

　考える時間をかけすぎて何も動かないと言うよりは、小さく始めて大きく育てるのは、効率化の大切なポイントです。ただ「やるだけやってやりっぱなし」が当たり前になってしまうとみんなのモチベーションが下がってしまいます。

　たとえば、アンケートを作って、回答してもらって、集計するには多くの時間を使います。にもかかわらず、取って終わり。何にも生かされないのであれば、アンケートを取る仕事だけが大きくのしかかって、ムダな行為になってしまいます。

　アンケート回答者のほうも、一生懸命に自分の思いを伝えたのに、放置されてしまうと「何のために答えたんだろう？」「私の職場は意見を言っても何も対応してくれない」と、やらなかったほうがマシな状態に陥りかねません。

「やったらやりっぱなし」のムダ作業はそれに費やした時間だけではなくて、人のモチベーションを下げてしまう作業なのです。

ここで「アンケートを取ったんだから、美しい分析資料を作成しなければ」とか「画期的な改善策をみんなに知らせなければ」と意気込んでしまう必要はありません。これでは「ムダに洗練されたムダのないムダ資料」を作りかねません。また、意気込みが必要となると新しい取り組み自体が億劫になってしまいます。

　そこで「ふりかえり」の考え方を持ってください。実は多くの人は、この「ふりかえり」を仕事に組み入れていません。

「ふりかえり」とは自分がやったことに対して、何かしらの気付きを出して、その気付きから次に何をしようかなと考えることです。こう書いてしまうと難しく、大きなことをやらなければと思ってしまいがちですが、本当に本当に小さな気づきで良いのがポイントです。

　ふりかえりのフレームで有名なものには「KPT」や「YWT」があります。これらを使って、まずは実践してください。

　そこで、始める前に注意しなければいけないのは「反省」との違いです。ふりかえりは、あくまでも次の行動をよりよくするために実施します。そのため、上手くいかなかった点だけではなく、良かった点もふりかえります。

　これにより、モチベーション向上にも繋がりますし、成功パターンを偶然で終わらせるのではなく再現性のある形にしていきます。あくまでも、焦点は「よりよい未来」にあります。一方で、反省は過去にのみ焦点をあてて行います。

　仕事の失敗を明らかにして、原因を追及して、責任の所在を明確にしていくようなイメージで、主に失敗に対して行うのが特徴です。この違いを理解して、未来に焦点をあててふりかえりを試してください。

　「KPT」は、「Keep（キープ）」「Problem（プロブレム）」「Try（トライ）」の頭文字をとったものです。

　ダイエットの事例で説明します。
　ある人が3ヶ月で5キロ痩せるダイエットを行ったとしましょう。
　そこで開始して1週間後にふりかえりを実施します。

Keep（キープ）

　まずは、この1週間でうまくいったこと、続けていきたいと思う良い習慣や工夫を挙げます。

・毎朝の軽いストレッチが気持ち良く、体も軽く感じるので、これを
　続けたい
・野菜をたくさん摂るようにした結果、お腹の調子が良くなったので
　キープしたい

　このようにポジティブな側面を挙げます。

Problem（プロブレム）

　次に、ダイエット中に遭遇した問題やうまくいかなかったことを挙げます。

・飲み会が多くて、つい飲み物や食べ物の量が多くなってしまった
・週末はついソファでごろごろしてしまい、運動がおろそかになってしまった

このように改善が必要な点をリストアップします。

Try（トライ）

最後に、次の1ヶ月間で試してみたい新しい取り組みや、Keep（キープ）を更に強化するようなアクションや、Problem（プロブレム）で挙げた問題を解決するためのアクションを考えます。

・毎朝の軽いストレッチに追加してスクワットもしてみる
・飲み会のときは、低カロリーの飲み物を選ぶようにする
・週末には近所を散歩して、少しでも体を動かすようにする

このように具体的なアクションを考えます。

次にご紹介したいのは「YWT」です。
「Y」は「やったこと」、「W」は「わかったこと」、そして「T」は「次にやること」の頭文字をとっています。

Y（やったこと）

まずは、ダイエットの過程で具体的に何をしたのかをリストアップします。

・毎日のカロリー摂取量を把握するために食事記録をつけた

・週に3回、30分間のジョギングを行った

W（わかったこと）

　次に、それらの行動を通じて得られた気付きや学びを挙げます。

　これにはポジティブなこともネガティブなことも含まれます。

　こちらは一人ひとりの気付きや自分が感じたことを表すのでここの発言に正解はありません。

・ジョギングを習慣にすることで体調が良くなった
・食事記録をつけることで無意識に摂取していたカロリーが多いことに気付いた
・ストレスを感じるとつい甘いものを食べてしまう

T（次にやること）

　最後に、これまでの「やったこと」と「わかったこと」をもとに、次にどのようなアクションを取るべきか考えます。

・ジョギングを週4回に増やして、さらなる体調の向上を目指す
・ストレスを感じたときは、甘いものではなくフルーツを食べるようにする

　このように、フレームワークを使ってダイエットのふりかえりを行います。これにより自分自身の取り組みを客観的に観察でき、今後の目標設定や具体的な行動につなげられるのでダイエットが継続されます。

代表的な２つですが、どちらが良いかは組織によって様々なので正解はありませんが、いくつかの違いがあります。

　両者の違いを参考にしながら、まずはやってみてください。そして、迷ったときには両方試して最適な方法を見つけましょう。

焦点の違い

KPT：KPTは、各項目の何がうまくいって何がうまくいかなかったのか、原因を整理して特定します。それに基づいて何を改善すべきかを考えるやり方のため、議論や思考が「K」「P」「T」の間を行ったり来たりします。

YWT：YWTは、行動に焦点を当て「やったこと」に始まり「わかったこと」で学びを共有し「次にやること」で行動計画を立てるイメージです。議論や思考もこの流れで進みます。個々の経験したことから学びを得るプロセスを強調しています。

適用する状況

KPT：プロジェクトやイベントの期間終了時に行われることが多く、改善点を明確にして次のステップに活かすことができます。

YWT：YWTは進行中のプロジェクトや継続的な活動において、リアルタイムでフィードバックを得ながら、状況に応じた改善を進めることができます。

適用する組織規模

KPT：組織の規模に関係なく、プロジェクトチームや部門、個人など幅広い単位で適用されます。

YWT：個々の行動と学びに焦点を当てているため、コンパクトな組織やチーム、個人のふりかえりに適しています。

　まずは何か始めたら「ふりかえり」をするテクニックを身につけると、やりっぱなしのムダ作業から解放されます！

これを ⟶ こうする！

---

⑨⑦ 取り組むのは良いがそのあと持続しない

⑨⑧ 思いつきではじめたままで改善しない
　　→ふりかえりのフレームワーク「KPT」や「YWT」を使う

自分たちの苦労が
正解

「組織」のムダ

MUDA POINT

㉙ ひと昔前の働き方の押し付け

簡単なやり方を提案すると「楽ばかりするな」と言われる。

Zoom会議では偉い人から順に退出する。

丁寧で時間ばかりかけている人が評価されている。

こんなことありませんか?

「昔はもっと必死で働いてきた」

「若いときの苦労が後で効いてくる」

「長時間働かないと経験が積めない」

と自分たちの若いときの苦労「だけ」が正解だと信じて押し付けてくるベテラン世代に一度は遭遇したことがあるのではないでしょうか。

かつて栄養ドリンクのCMに「24時間戦えますか」というキャッチコピーがありました。現代ではブラック扱いされてしまいそうですが、1989年の新語・流行語大賞にも選ばれ大流行しました。

遅くまで仕事をして、その後は先輩たちと飲みに行って仕事のイロハを教えてもらう。徹夜だってなんのその。自宅は寝るためだけの空間。このように「モーレツ」に働くことが良しとされた時代が実際にあったのです。このCMが流行った1989年、日本はノリに乗っていました。

〜〜〜〜年当時、世界の時価総額ランキングのトップ10社には、なんと日本企業は7社も入っていました。戦後何もなかったところから、ここまで登り詰める日本企業の凄さが伝わるのではないでしょうか。

当時、世界トップレベルの成功をおさめた日本企業の経営スタイルは、「よいもの」を「安く」「たくさん」作ることでした。このスタイルで日本は世界で勝ち進んでいったのです。

　同じ質のものを大量に作るために、お手本通り言われたことを言われた通りにやる人が褒められます。

　そして、同じ仕事をやり続けることで熟練した人を育てる考えが人材育成の基本でした。同じ経験をたくさん積んだほうが「よいもの」を「たくさん」作ることができるからです。

　だからこそ、終身雇用がよしとされ、長く勤めているということはそれだけ仕事ができることに直結します。年功序列もそうした教えが基本にあります。とにかく、多様性よりもみんなが同じ考え方でいることが大切なのです。上司と飲みに行きながら、会社の風土や考え方を理解して、染まっていく「飲みニケーション」も重要な仕事の一部だったのです。

　そのときの成功体験をもとに「あんなに苦労したから上手くいった！」と思う気持ちは理解できます。実際、日本は世界のトップレベルだったのです。

　ただ、バブルが崩壊してインターネットが商業化され、情報革命が起こり「工業社会」から「知識社会」へ時代が変化しています。

　社会が変わり、ビジネスの中心が変化し、求められる仕事のやり方も変わってきているのです。

　今まで「仕事」とは「与えられたことを正しく遂行する」ことでした。そこから「与えられた仕事を正しく遂行し、よりよく改善する」こ

とが求められるようになり、現代では「よりよく改善しながら、新しく創造すること」になっています。「与えられた仕事を正しく遂行する」のはもはやITツールのほうが得意なのです。

私たちは、もっとクリエイティブに考える力が必要になっています。そのためには、多様な知識や経験を身につけなくてはなりません。

ただ、ひと昔前の文化が全て時代遅れというわけではありません。

たとえば、昔あった「飲みニケーション」や社員旅行などは、現代版にアレンジすればAmazonが実施している「オフサイドミーティング」と似ています。

大切なのは仕事のあり方が変化しているということ。

頭ごなしに「飲み会はムダ」「社員旅行はブラック」「長時間働くのは時代遅れ」「苦労するなんてダサい」ではなくて、なぜそれを行っていたのか思い出しましょう。令和版にリメイクして「自分たちの苦労が正解」作業のムダを改善してください！

これを ⟶ こうする！

㊾ ひと昔前の働き方の押し付け
　→仕事のあり方が変化しているのを柔軟にとらえる

それ結果につながってる?

過剰な
おもてなしサービス

「組織」のムダ

MUDA POINT

(100) おもてなしという名の過剰サービス

日本の大切な文化でもある「おもてなし」精神。

心を込めて相手に接して満足してもらえるような姿勢を示します。ただ、これはときとして過剰サービスとして私たちの仕事を圧迫してきます。

たとえば、営業の人がお客さんの求める様式の請求書を作る。

提出方法も個別対応で、郵送の場合もあれば、メールや直接届けにいくなどすべてカスタマイズ。営業の人からすれば、お客さんの要望を叶える「おもてなし」精神にほかならない。

また、急な仕様変更やら書類提出など……どんな無理難題にも「おもてなし」の精神で答えてしまう。

ただ、これは営業部だけの問題に留まりません。

これらの事務処理をしているバックオフィスの人たちも、カスタマイズされた請求書を作成したり処理する作業が発生します。今まで進めていた契約書と全く違う様式を明日までに作って、などの無理難題を受け取ってしまう場合もあり、バックオフィスの人たちにも「おもてなし」精神の対応が求められるのです。

こうした利益を度外視した「おもてなしの過剰サービス」を積み重ねていくと、会社の業績は上がらないのに仕事量だけがどんどん増えていきます。

そこで、まずは標準サービスの水準を定義する必要があります。少

し味気なく感じてしまうかもしれませんが、業務設計の原則としては顧客に対するサービスは費用対効果の観点で組織として考える必要があります。

　手厚いおもてなしをしても、コストに見合う売上が見込めないなら、そのサービス水準は過剰ともいえます。「おもてなし」をする部分とのメリハリをつける必要があります。

　格安の牛丼チェーン店でフランス料理店と同じサービスを求めるのが難しいのを想像するとイメージしやすいのではないでしょうか。500円で牛丼を販売するなら、それにあったサービス基準を基本にしなければ、私たちの仕事はすぐに圧迫されてしまうのです。

　このようにして、請求書様式は自社フォーマットにしてメールで提出とサービス水準を決めて、お客さんに事情を説明すると「意外にもすんなり受け入れてくれた」というのはよくあることです。

　この話は営業職などのお客さんと接する方ばかりに留まりません。他部署の人から「ちょっとお願い」「急でごめんなさい」と言われた無理難題に「おもてなし」精神で答えてしまうと仕事はどんどん増えていきます。

　だからと言って「仕事相手のお願いは全く聞かなければいいんですか？　決められたことだけやっていれば良いんですか？」となってしまうのは違います。

そこで、仕事相手に評価（満足）してもらいながら、仕事を進めるテクニックをお伝えします。

まず、仕事相手に良い評価をもらうとはどういうことなのか。下の式を見てください！

評価（満足）＝成果－期待値

提出した成果が期待を大きく上回っていれば、仕事相手の評価は上がります。逆に期待に対して成果が下回ると評価は下がります。

ここで多くの人は、成果を増やそうと必死になります。こうなってしまうと「おもてなしの過剰サービス」に突っ走ってしまいます。

そうではなくて、期待値を下げるのです！

多くの無理難題なお願いは、5W1Hのバランスが大きく崩れています。たとえば、求められている成果の品質（What）に対して期限（When）が短すぎたり、全くスキルに合わない人材をアサイン（Who）。ゴール達成に向けて絶対に必要なんだ（Why）と遠すぎる話をしながら、そこまでの道筋や目指し方（How）は人任せ、など。

なかには、現実を見ている？　とツッコミを入れたくなるくらい5W1Hが崩壊しているのに「仕事相手のため」と頑張ってしまう方がいます。ただ、バランスが崩れている仕事は成果が出ないので、頑張っているにもかかわらず仕事相手を満足させることはできないのです。

そこで、期待値をコントロールするテクニックが必要です。

「いただいた期限ですと、できる仕事はここまでになってしまうかもしれません。あと3日期限を延ばしてもらえると、ここまでできます」など、5W1Hのバランスを絶妙に整えていくのです。

　自分の成果をあげる訓練ももちろん必要ですが、あわせて相手の期待値を上手くコントロールするテクニックで自分を苦しめるムダ作業を手放してください。

これを ⟶ こうする！

(100) おもてなしという名の過剰サービス
　→サービス水準を設定する期待値をコントロールして満足してもらう

おわりに

社会は変化を続けている

　本書の企画を立ち上げてから、今こうして「おわりに」を書く間も、社会は大きく変化し続けています。

　新型コロナは「5類」に移行され、緊急時代宣言で静まりかえっていた街には活気が戻りました。オンライン会議が当たり前になり、インターネット登場以来の衝撃とも評される「ChatGPT」も登場しました。

世のすべてのものは、移り変わり、永遠に変わらないものはない

「諸行無常」という四字熟語がありますが、「諸行」は、この世の全ての事物・現象を意味し、「無常」は永遠不変のものはないという意味です。

　どれだけ勢いが盛んな人や組織も必ず衰えるときがきます。どれだけ良好な人間関係も、逆に苦しくて仕方ない人間関係も、全ては永遠に続くわけではありません。良いことも悪いことも永遠には続かないのです。

　だからこそ「あのときは良かった」と過去を懐かしみ切なくなる必要はありませんし「あの人は変わってしまった」と上手くいかなくなった人間関係にすがりつく必要もありません。相手も自分も社会も、常に変化し続けている。ただそれだけのことです。
　だからこそ、私たちは変化を前提として日々を味わい、どう生きていくかを考え続けていく必要があります。

近年はテクノロジーの進化が著しく、その渦中に生きる私たちの考え方も多様になっています。「こうあるべき」がどんどん意味をなさない時代を迎えています。

多様性とは自分軸がある個人が混ざりあうこと

時代の変化に合わせて、新しいビジネスを作ったり、今までになかった業務改善策を考えたり、新しい発想をするには「多様性＝ダイバーシティ」が大切だと言われています。

多様な人材が揃うと、これまでの常識を疑い、全く違う意見を交換できるからです。また、そのような人材が揃うと環境の変化にも敏感に反応することができます。これまでになかった「視点」や「考え」を組織に取り入れられることが強みとなるのです。

多様性とは、個人が経験したことによる物事に対する「視点」や「考え」の違いです。

つまり、女性や日本人、母親というような属性の話ではありません。そのため、属性の違う様々な人材をどれだけ集めても、それぞれが「自分の考え」を持っていなければ、新しい発想は生まれません。

多様性の話になると、様々な属性の人を受け入れる話に偏りがちですが、それと同じくらいに大切なのは、個人が自分自身をしばっている「こうあるべき」に気付くことです。

「母親だから早起きしなくちゃいけない」「仕事は楽しちゃいけない」「普通は上司より先に帰らない」のように、これまで社会的に求められ

てきたこと、称賛されるためにやってきたことを手放して「自分軸」で物事を捉える必要があります。

新しい時代をそれぞれがもっと楽しむ

仕事も人生を彩る一つにすぎません。時代は動き続けています。

時代の変化とともに役目を終えたムダな作業を手放して、自分が本当にワクワクできることに、人生の時間を使って良いのです。そして、そのような個人が集まるから、職場は強くなっていくのです。

この本が、読者のみなさまとその職場の方々にとって「新しい一歩」のお役に立てれば光栄です。

末筆ながら、本書執筆を支えてくれたみなさまへの御礼とさせてください。

弊社に業務コンサルを依頼してくださる職場のみなさま。企画の地盤を作ってくれた編集の石井一穂さん、バトンタッチを受けて最後の最後まで走り抜けてくれた山本豊和さん。たくさんのアイデアや示唆をくれた（株）CROSS SYNC 代表取締役 医師の髙木俊介さん。クラウドへの情熱を伝播してくれた（株）Tekuru 代表取締役 武田雅人さん。いつも新たな発想をくれる（株）リチカのみなさま。執筆に向けて整理を進めてくれた（株）リビカル 鈴木智代さん・渡部晶子さん。いつも業務改善を一緒に牽引してくれている（株）リビカル・（株）医療デザインラボメンバーのみなさん。

そして、これまで私を信頼し応援してくれた家族のみんな！　友人たち。

　多くの方に支えられて、本書執筆ができました。本当に感謝しかありません。いつもいつもありがとうございます。

2023年8月

元山文菜

［著者略歴］

元山文菜（もとやま・あやな）

株式会社リビカル代表取締役。業務コンサルタント。

大学卒業後、株式会社サクラクレパスに入社。その後、富士通株式会社に転職。2017年に独立し、現在の株式会社リビカルを設立。2021年には医療に特化したコンサル業務をおこなう株式会社医療デザインラボを設立。障がいや難病女性向けのNPO運営の顔ももつ。「多様性×業務改善で、はたらくを楽しむ人を増やしたい」をテーマに、業務や組織構造の再設計を手がける。個人や企業にとっての「価値ある時間の創出」「経営資源の拡大」を支援。これまで、BPR（ビジネスプロセスリエンジニアリング）、BPO（ビジネスプロセスアウトソーシング）やRPA（ロボティックプロセスオートメーション）導入支援と、個々人に対する時間管理術の改善をあわせて実施することで、多くの組織の生産性を最適な手段で向上させてきた。そのほか、業務プロセス改善、DX推進、タイムマネジメントなどをテーマにした講演活動も精力的におこなっている。

無くせる会社のムダ作業
100個まとめてみた

2023年9月1日　　初版発行
2024年7月11日　　第3刷発行

著　者　　　元山文菜

発行者　　　小早川幸一郎

発　行　　　**株式会社クロスメディア・パブリッシング**
　　　　　　〒151-0051 東京都渋谷区千駄ヶ谷4-20-3 東栄神宮外苑ビル
　　　　　　https://www.cm-publishing.co.jp
　　　　　　◎本の内容に関するお問い合わせ先：TEL (03) 5413-3140／FAX (03) 5413-3141

発　売　　　**株式会社インプレス**
　　　　　　〒101-0051 東京都千代田区神田神保町一丁目105番地
　　　　　　◎乱丁本・落丁本などのお問い合わせ先：FAX (03) 6837-5023
　　　　　　service@impress.co.jp
　　　　　　※古書店で購入されたものについてはお取り替えできません

印刷・製本　　株式会社シナノ